NA ESCOLA
Alternativas Teóricas e Práticas

CB027750

Esta coleção tem por objetivo debater os dilemas do cotidiano escolar presentes na atividade educacional contemporânea. Busca-se um conjunto de leituras possíveis em torno de uma mesma temática, visando reunir diversos referenciais teóricos e soluções alternativas para os problemas em foco. Atinge-se assim um panorama atualizado e abrangente, tanto das questões relevantes à prática escolar atual quanto das novas perspectivas para o seu enfrentamento.

Dados Internacionais de Catalogação na Publicação (CIP)
(Câmara Brasileira do Livro, SP, Brasil)

Transtornos emocionais / Pippa Alsop e Trisha McCaffrey (ed.). ;
[Tradução Denise Maria Bolanho]. – 3. ed. – São Paulo : Summus, 1999.

Título Original: How to Cope with childhood stress
Bibliografia
ISBN 978-85-323-0673-9

1. Ajustamento (Psicologia) 2. Estresse em crianças 3. Estresse
(Psicologia) 4. Psicologia escolar I. Alsop. Pippa. II. McCaffrey, Trisha.

99-1343   CDD-155.418

Índices para catálogo sistemático:
1. Crianças : Estresse : Psicologia infantil 155.418
2. Estresse na infância : Psicologia infantil 155.418

Compre em lugar de fotocopiar.
Cada real que você dá por um livro recompensa seus autores
e os convida a produzir mais sobre o tema;
incentiva seus editores a encomendar, traduzir e publicar
outras obras sobre o assunto;
e paga aos livreiros por estocar e levar até você livros
para a sua informação e o seu entretenimento.
Cada real que você dá pela fotocópia não autorizada de um livro
financia um crime
e ajuda a matar a produção intelectual.

TRANSTORNOS EMOCIONAIS

NA ESCOLA
Alternativas Teóricas e Práticas

Pippa Alsop
Trisha McCaffrey
Organizadoras

Julio Groppa Aquino
Coordenador da Coleção

summus editorial

Do original em língua inglesa
HOW TO COPE WITH CHILDHOOD STRESS
Copyright © by Longman Group UK Ltda 1993, uma divisão da Financial
Times Professional Limites 1995.
Copyright © Julio Groppa Aquino 1999 para o texto
"Transtornos emocionais na escola: da consternação à inclusão".

Coordenação da Coleção: **Julio Groppa Aquino**
Consultores: **Dr. Julio Groppa Aquino, Dra. Maria Helena P. F. Bromberg,
Dr. Rodrigo Lobato Junqueira Enout, Dra. Rosanne Mantilla de Souza,
Dra. Suzanne Robell**
Projeto gráfico de capa: **Yvoty Macambira**
Capa: **Raghy**
Impressão: **Sumago Gráfica Editorial**

Summus Editorial
Departamento editorial
Rua Itapicuru, 613 – 7° andar
05006-000 – São Paulo – SP
Fone: (11) 3872-3322
Fax: (11) 3872-7476
http://www.summus.com.br
e-mail: summus@summus.com.br

Atendimento ao consumidor
Summus Editorial
Fone: (11) 3865-9890

Vendas por atacado
Fone: (11) 3873-8638
Fax: (11) 3873-7085
e-mail: vendas@summus.com.br

Impresso no Brasil

SUMÁRIO

Transtornos emocionais na escola: da consternação à inclusão
Julio Groppa Aquino 11
Introdução à edição inglesa 19

1   **Proteção infantil: vidas inocentes**
    Pippa Alsop 29

2   **Divórcio, separação e novo casamento**
    Trisha McCaffrey e Heather Collins 47

3   **Depressão na infância e adolescência**
    Martyn Gay e Annick Vogels 65

4   **De que é o corpo? Ajudando crianças a lidar com distúrbios alimentares**
    Alan Cockett 81

5   **Ajudando crianças cujos pais sofrem de problemas de saúde mental**
    Madeleine Thomas 105

6   **Crianças com doenças que apresentam risco de vida**
    Annabel Martin 113

7   **Apoiando a criança enlutada na escola — sentindo-se perdida?**
    David Knapman 123

8   **Suicídio: a perda indescritível**
    Pippa Alsop 135

9 **Crianças enlutadas por morte violenta**
Jean Harris Hendriks 145

10 **Álcool**
Haley Moore 159

11 **O aluno e o uso de drogas**
David Pollard 169

12 **Trabalho de grupo com crianças com problemas emocionais: ensinando-as a serem bons amigos**
Trisha McCaffrey 179

NOTAS

O título do livro, no original, lida com o conceito de "stress", que já está incorporado ao português como estresse.

"Childhood stress" seria traduzido literalmente como estresse infantil. Ocorre que, na língua inglesa, o termo designa qualquer situação aflitiva, crônica ou aguda, com sobrecarga de tensões e emoções.

Ao ser incorporada ao nosso idioma, porém, trouxe apenas a conotação mais recente, "moderna": os efeitos nocivos sobre a saúde provocados pelo excesso de tensões da rotina diária.

Assim, o termo "estresse infantil" tem sido empregado basicamente para denotar problemas de saúde em crianças submetidas diariamente a um excesso de exigências, aulas, cursos, atividades etc.

Desse modo, acreditamos que o termo adequado para retratar os fenômenos descritos nesse livro seja "transtornos emocionais". Assim, onde foi necessário fizemos as devidas adaptações. Mantivemos o termo estresse para situações do cotidiano, e utilizamos transtornos para situações mais traumáticas.

O coordenador da coleção

O editor

AGRADECIMENTOS

Agradecemos a Carole Bird, pelas horas despendidas datilografando o manuscrito, a Patricia Shannon que ajudou na leitura das provas e a toda equipe de secretárias que datilografou os rascunhos iniciais, e teve de suportar os textos tantas vezes reescritos antes que cada colaborador ficasse satisfeito com seus originais. Agradecemos também a ajuda e o incentivo dos colegas profissionais de Somerset e Kent. Um agradecimento particular para Adrian Faubel, pelos proveitosos comentários durante a preparação do capítulo sobre trabalho em grupo.

Agradecemos a todas as crianças, cuja poesia, desenhos e comentários ajudaram a desenvolver a nossa percepção nessa difícil área; e proporcionaram grande inspiração, especialmente a poesia de Anna Dinnage e John Green; e as ilustrações que foram criadas como parte do *Mapping the Environment and Self Project* pelas crianças da Hotwells Primary School, Bristol, com a ajuda da artista residente, Glyn Wyles. O projeto foi financiado pela Gulbenkian Foundation, julho de 1991.

A POESIA

John Green, cujos poemas estão incluídos nesse livro, é um menino negro de ascendência nigeriana. O começo de sua vida foi muito traumático, tendo passado muito tempo sob os cuidados do Estado.

Ele sofre de asma, eczema, rinite e escoliose. Sua visão é ligeiramente reduzida e tem memória visual deficitária. Não se sente à vontade com a identidade negra, e os problemas emocionais e dificuldades físicas somados a uma vida estressante ocasionaram uma negação de si mesmo. Apesar dessas dificuldades, John é excepcionalmente talentoso em algumas áreas e ficou feliz ao dar sua contribuição a esse livro, como uma forma de ajudar os professores a entender os transtornos enfrentados por alunos como ele.

Transtornos emocionais na escola:
da consternação à inclusão

Julio Groppa Aquino*

*Quando vozes de crianças se ouvem na relva,
e risos se ouvem nas colinas,
meu coração descansa no meu peito,
e todo o resto fica sereno.*
W. Blake

É bem possível, embora igualmente improvável, que, durante a trajetória profissional de um educador, este nunca venha a se defrontar com situações-limite do ponto de vista humano, codificadas nos transtornos emocionais vivenciados por algum ou alguns de seus alunos. E essas situações certamente não são poucas.

Do abuso físico ou psicológico, passando por uma vasta gama de disfunções orgânicas e dramas pessoais, até a perda de familiares ou colegas, chegando à quase imponderável morte de um aluno, o cotidiano escolar é pontilhado por ocasiões nas quais o trabalho pedagógico rende-se à perplexidade e à frustração.

Há outras ocasiões significativas, bem mais prosaicas, que são igualmente desencadeadoras de um certo mal-estar e, por vezes, de angústia nos alunos, particularmente nos ciclos iniciais da escola bási-

---

* Psicólogo, mestre e doutor em Psicologia Escolar. Professor da Faculdade de Educação da USP. Autor de *Confrontos na sala de aula: uma leitura institucional da relação professor-aluno* (Summus, 1996), coordenador e co-autor da coleção *Na escola: alternativas teóricas e práticas*, da Summus Editorial.

ca. Melhor seria dizer que tais situações variam de acordo com cada etapa da escolarização.

Para as crianças menores, por exemplo, as ameaças ou a ridicularização pelas mais velhas, assim como as mudanças bruscas no expediente escolar, podem constituir-se em experiências geradoras de ansiedade. Já para os adolescentes, bons exemplos são: o desempenho aquém da média nos times esportivos ou nos trabalhos em grupo, as "diferenças" quanto aos colegas (no estilo de vida, no linguajar, na condição financeira) etc.

Como se pode observar, trata-se de um universo paralelo de circunstâncias pontuais que requerem do educador (professor, dirigente ou *staff* escolar), ao menos, uma boa dose de bom senso, quando não uma abordagem direta com os outros alunos envolvidos, que acabam demandando um posicionamento mínimo por parte do educador. No entanto, há de se convir que essa dimensão informal do trabalho pedagógico não figura de modo explícito entre as discussões sobre as competências do educador levadas a cabo pelos atores da intervenção escolar ou pelos teóricos da área, muitas vezes às voltas com a dimensão imediatamente metodológica da prática escolar.

Não é verdade que, por força das circunstâncias, gastamos a maior parte de nosso tempo mais preocupados com os objetivos e resultados oficiais de nossa intervenção do que com as *nuances* do processo ensino-aprendizagem, em seus múltiplos desdobramentos subjetivos?

Nesse sentido, os transtornos materializados nas condutas "desviantes", anômalas, da clientela escolar constituem uma excelente oportunidade para uma reflexão consistente e honesta acerca dos muitos limites bem como das tantas possibilidades da prática escolar na contemporaneidade.

É hora, então, de arregaçar as mangas do pensamento...

Um primeiro eixo de reflexão aponta para a própria concepção de infância e adolescência que nutrimos atualmente.

Eventos limítrofes e, por vezes, tragédias pessoais em curso na vida de uma criança ou adolescente evocam uma dose extra de desolação por parte dos adultos próximos. E por que isso acontece?

Uma resposta plausível para tal indagação pode ser subtraída das formulações dos historiadores da infância, em especial Philippe Ariès.

A imagem, com a qual comungamos nos dias atuais, da infância – e, por extensão, da adolescência – como etapas particulares da vida e suas necessidades específicas, não encontra precedentes na história humana.

Pode-se dizer que o próprio sentimento coletivo em torno da infância (e também da adolescência) que acalentamos hoje não é, em absoluto, algo "natural", invariante em termos históricos. Ao contrário, na Idade Média por exemplo, a própria duração da infância era reduzida ao mínimo possível. Tão logo a criança pudesse ter uma certa autonomia dos movimentos, era incluída automaticamente no mundo dos adultos, na condição de um pequeno adulto. A infância era relegadà, portanto, a um solene anonimato, do ponto de vista social. Pode-se concluir também que a noção de adolescência era praticamente inexistente.

Mais ainda, não havia o apego afetivo às figuras familiares nucleares. A criança era afastada dos pais e aprendia, na coletividade, as coisas que deveria saber, fazendo junto com outros adultos.

Atentemos para uma interessante descrição da infância oferecida por La Bruyère, escritor francês do século XVII, que de um modo ou de outro corrobora as observações de Ariès: "As crianças são altivas, desdenhosas, iradas, invejosas, curiosas, interessadas, preguiçosas, volúveis, tímidas, intemperantes, mentirosas, dissimuladas; riem e choram facilmente; têm alegrias imoderadas e aflições amargas sobre assuntos mínimos; não querem sofrer o mal e gostam de fazê-lo; já são homens." (In: *Dicionário universal Nova Fronteira de citações*. Rio de Janeiro, Nova Fronteira, pp.223-4)

No ideário do escritor parece não haver, pois, distinção entre os mundos infantil e adulto. A criança já seria um homem em miniatura, ou uma mostra dele.

Nessa perspectiva, de acordo com o relato do historiador francês, no clássico *História social da criança e da família* (Rio de Janeiro: Guanabara), é preciso lembrar que as taxas de mortalidade infantil eram altíssimas. Se a criança sobrevivesse, um sentimento superficial, mas de pouco apego afetivo denominado pelo autor como "paparicação", era reservado às crianças pequenas: algo parecido com o mimo que se tem hoje pelos animais de estimação. Assim, se ela viesse a morrer, não se fazia muito caso, pois outra logo a substituiria.

A partir do século XVII, com o advento dos colégios (forma rudimentar da escola tal como a conhecemos hoje), as crianças começaram a ser separadas do mundo adulto, numa espécie de "quarentena" social. Era preciso, então, "prepará-las" para o ingresso no mundo adulto.

Essa distinção nascente entre os mundos infantil e adulto veio acompanhada, segundo Ariès, do nascimento do *sentimento* propriamente da infância (e por extensão de adolescência) e da família como o espaço de afeição entre pais e filhos. Registram-se nesse momento também os primórdios da preocupação com a idéia de "educação" dos filhos — algo também inexistente até então.

A própria família passou a se organizar em torno da criança, retirando-a portanto do antigo anonimato. A conseqüência desse processo foi a polarização da vida social, a partir do século XIX, em torno da família nuclear (e desta em torno das crianças) e da educação escolar, além do desaparecimento das antigas formas de sociabilidade coletiva.

Essa forma de entendimento da ordenação do universo infantil, distinta da do adulto, foi o que propiciou também a emergência dos tantos discursos sobre a criança e o adolescente que hoje presenciamos, à exaustão, nos círculos acadêmicos, na mídia, nas escolas, em nossos lares. Um bom exemplo dessa atomização sócio-histórica em torno da infância pode ser encontrado nas tantas teorias psicológicas acerca do "desenvolvimento infantil" — em suas vertentes motora, cognitiva, afetiva, social, e assim por diante. Vivemos, de fato, o século da criança!

Pode-se concluir, pois, que resulta desse processo grande parte das imagens que estruturam nosso olhar em torno da infância e adolescência atuais: etapas da vida marcadas por modos singulares de ação, pensamento, sentimento e interação com o entorno social. A infância e a adolescência passam a ter seus tempos próprios, suas idiossincrasias, seus direitos, seus estatutos...

É por essa razão, talvez, que encontramos tanta dificuldade em lidar com a hipótese de que crianças e adolescentes possam ser objeto de eventos adversos, abusivos ou violentos, os quais seriam responsáveis pelos transtornos emocionais vividos mais tarde. Algo, pois, que passaria a não condizer com o "desenvolvimento" esperado, contrastar com a "natureza" iniciática e a imaturidade típicas da criança e do adolescente.

É por essa razão também que os transtornos emocionais vivenciados nessas fases da vida deflagrariam, entre os adultos envolvidos, a sensação acentuada de consternação e impotência, uma vez que na imagem desses tempos "felizes" da vida reside, sem dúvida, grande parte de nossa esperança em um mundo melhor, a ser carreado pelas novas gerações.

Privadas da proteção e do cuidado adultos, elas seriam alijadas do curso "natural" da vida, das descobertas, da alegria, do prazer – daí nosso horror...

Nas circunstâncias em que a aura infantil é maculada pelas interpelações da vida adulta (separação dos pais, depressão, abuso sexual, drogas etc.) ou mesmo pela impiedade da natureza (deficiências, doenças graves, mortes etc.), um misto de estarrecimento e comoção parece nos assolar de modo extensivo. É como se algo tivesse sido irremediavelmente usurpado, uma vez que os elos sucessivos do desenvolvimento teriam-se rompido para sempre. Restar-lhes-ia seguir a esmo, viver à deriva?

Absolutamente! Cumpre-nos assegurar que crianças e adolescentes podem, sim, criar mecanismos alternativos de sobrevivência; mecanismos estes alheios à rota desenvolvimentista clássica, mas nem por isso menos fecundos. Isto é, há, algumas vezes, uma força notável de resistência e reapropriação criativa dos complexos ditames da vida adulta quando vivenciados precocemente; outras vezes, o resultado não se dá sem prejuízo de si próprio ou dos que o rodeiam.

Com o intuito de ilustrar o primeiro caso, vale a pena reproduzir uma passagem do caderno *Folhateen* da *Folha de S. Paulo*, de 24/5/1999, redigida, aliás, por um jovem de 22 anos, Gustavo Ioschpe: "Falemos de três rapazes. O primeiro era tão humilhado e massacrado em público por seu pai que fugiu de casa com um companheiro. O pai ordenou a captura de ambos e fez questão de que o filho presenciasse o decepamento do companheiro em praça pública. O segundo tinha uma mãe que reclamava publicamente de seu casamento e da infelicidade que este trouxera, e um pai que o espancava quase diariamente para que o garoto tocasse seu piano e que freqüentemente voltava pra casa bêbado, acordava o filho infante e o forçava a tocar até o raiar do dia. O terceiro nasceu num dia de Natal, sem pai — já morto. Sua mãe se casou de novo, e o padrasto o mandou à avó para que o criasse, e assim o garoto passou a infância e a juventude inteira vendo na casa vizinha sua mãe, que não se importava com ele, repartir com um estranho o leito que fora de seu pai.

"O primeiro é Frederico, o Grande, um dos mais virtuosos monarcas que a Europa já viu; o segundo é Beethoven; e o terceiro é Newton. São apenas três exemplos de uma lista extensa de gente que, apesar das mazelas a que a vida a submeteu, decidiu gastar seu tempo perseguindo o avanço, em vez de remoer e chorar o passado. É coisa que qualquer um pode fazer."

É certo que, do alto de sua precocidade, o jovem colunista finda por generalizar particularidades. É certo também que Frederico, Beethoven ou Newton não se constituíram como tais apenas pelo esforço próprio, nem podem ser tomados como matrizes do traçado humano. Porém, nos exemplos aludidos parece residir uma importante constatação: as adversidades das quais certas crianças e adolescentes são protagonistas ou porta-vozes podem, porventura, ser recodificadas, resignificadas a tal ponto que possam vir a se constituir como força motriz da própria existência — o que, convenhamos, contradiz sobremaneira nosso entendimento em geral fatalista acerca de seus efeitos.

A analogia com a fênix renascida das cinzas parece ser insubstituível em certos casos.

Desde que acolhidos de modo não-moralista, não-benevolente e não-espontaneísta, tais crianças e adolescentes parecem irradiar um vigor invejável. Trata-se de uma espécie de potência vital testemunhada apenas entre sobreviventes.

Contudo, não se pode dizer que isso ocorra sempre e integralmente. Por vezes, o saldo de tais transtornos remete a um quadro desolador de vulnerabilidade psíquica: medo, culpa, auto-imagem negativa, baixa auto-estima, retraimento, carências de diferentes ordens.

E é nesse contexto que desponta o papel reparador, aglutinador da escola. Por incrível que pareça, o *locus* escolar configura-se, muitas vezes e para muitos, como o único espaço social disponível que se apresenta de modo não-disruptivo, não-ameaçador, não-abusivo.

É interessante notar que, quando se trata da maioria "regular" dos alunos, o efeito mais usual da vivência escolar parece ser o inverso daquele para esses alunos em situação de vulnerabilidade, os quais encontram no convívio com os colegas e, mormente na relação com os professores, um porto seguro onde ancorar seus infortúnios e, sobretudo, sua confiança no outro.

Mais ainda, o próprio conhecimento pode se constituir como um bálsamo para corações e mentes conturbados pela crueza de algumas interpelações da vida. Não é verdade que pensadores, artistas e cientistas nem sempre são frutos de *backgrounds* plácidos e de existências regulares? Não é verdade também que, muitas vezes, o que se aninha sob o ato criativo e revolucionário são dores insuspeitas, uma certa inconformidade para com a condição humana tal como ela se apresenta a nós?

Entretanto, nem sempre o contexto escolar é pródigo no que se refere ao acolhimento das diferenças humanas e sociais encarnadas em sua clientela "diferente", quanto mais de crianças e adolescentes que estejam atravessando situações demasiado aflitivas.

Conotados em geral como "alunos-problema" (um predicado do qual deveríamos nos afastar mais e mais), aqueles acometidos por alguma espécie de transtorno emocional, muitas vezes advindos de relações familiares conturbadas ou de situações trágicas, nem sempre conseguem garantir para si espaços de pertencimento no cenário das trocas escolares. Além disso, a estigmatização velada passa a ser um fardo a mais, um dilema adicional a ser equacionado.

Sob esse aspecto, cabe-nos reafirmar uma premissa ética fundamental: é preciso não ceder à tentação dos famigerados "encaminhamentos" automáticos aos especialistas (em especial, os clínicos), como forma de escamoteamento e desincumbência quanto ao necessário enfrentamento dos transtornos emocionais corporificados nas condutas "difíceis" de alguns. Quase sempre tomados como uma minoria "obstaculizadora" ou mesmo "sabotadora" da intervenção pedagógica padrão, estes alunos, a nosso ver, podem – e devem – ser tomados como ocasião privilegiada de construção, de fato, de uma atmosfera cooperativa e integradora.

É aí, então, que se reafirma o poder informal (mas nem por isso menos efetivo) dos agentes escolares no que se refere à invenção de estratégias de inserção desses adolescentes e crianças no jogo da vida escolar, sob pena de se retirar deles o pouco de confiança em si e no mundo que ainda lhes resta. Nesse sentido, uma boa porção de *generosidade* no trato com eles (e que não se a confunda com benevolência!) é o único ingrediente a ser aviado – mesmo que se recusem inicialmente, mesmo que se tenham ilhado na indiferença, na solidão...

Não se trata, pois, de estratégias pré-programadas, nem de recursos infalíveis para o enfrentamento das delicadas situações de acolhimento alheio, mas, sobretudo, de uma perspectiva micropolítica de continência e inclusão conseqüente da alteridade, particularmente daquela que se apresenta sob o timbre das "diferenças" ou dos "problemas".

Um terreno pantanoso mas, sem dúvida, extraordinário, porque humano desde a raiz até sua floração completa!

Introdução à edição inglesa

Durante a guerra do Golfo, as editoras foram levadas a investigar a literatura disponível a respeito dos transtornos emocionais na infância. Nessa época, por meio de seu trabalho, elas perceberam que a preocupação dos professores era a de, num conflito em ampla escala com muitas vítimas, poderem ficar sobrecarregados com a necessidade de dar apoio a crianças traumatizadas. A maioria das publicações tratava de resultados de pesquisas ou era dirigida a intervenções terapêuticas profissionais. De tempos em tempos, crianças que temos nas escolas são acometidas por tragédias pessoais. Não são tragédias capazes de atrair a atenção nacional, mas do ponto de vista emocional são extremamente prejudiciais para os jovens envolvidos. Na opinião das organizadoras, as recomendações sobre essas questões ajudariam os professores a perceber a possibilidade não só de oferecer ajuda adequada em sala de aula, mas também compreender como e quando obter o apoio de organizações externas adequadas.

Normalmente, as pessoas não estão acostumadas a lidar com situações traumáticas no decorrer de sua rotina diária. Algumas vezes, ouvimos falar sobre eventos muito tristes relacionados a alguém que conhecemos. Provavelmente, não sabemos como lidar com essas pessoas, sentimo-nos inseguros, sem ter certeza se devemos abordar o que aconteceu, e até mesmo evitando tocar no assunto para não cometer uma gafe; essas situações também podem se refletir na vida escolar. Um professor, ao tomar conhecimento de uma morte, uma separação ou um abuso na família, pode ficar inseguro quanto à melhor maneira de ajudar o aluno envolvido, ou sobre como lidar com o isolamento que ele observa, uma vez que o grupo de colegas enfrenta o mesmo problema. Esperamos que nos capítulos seguintes o leitor possa obter compreensão e tomar conhecimento de algumas idéias práticas capazes de realmente fazer diferença para as crianças envolvidas.

O que consideramos transtornos emocionais?

Geralmente, o transtorno emocional é considerado como uma experiência desagradável de excesso ou de ausência de estimulação, que, potencial ou efetivamente, prejudica a saúde. No caso de crianças, pode causar também uma deficiência no desenvolvimento.

Nenhum ser humano pode funcionar sem estímulo e desafio. Estes fazem parte da vida normal, proporcionando excitação, incentivo e motivação, bem como sofrimento e ansiedade. Enquanto nos sentimos no controle, o desafio pode ser revigorante e excitante. Em geral, o termo "transtorno" é usado para descrever a incompatibilidade entre os desafios que enfrentamos e a convicção em nossa habilidade para lidar com eles. Os transtornos são cumulativos e, portanto, uma série de pequenos transtornos pode gerar emoções prejudiciais, como ansiedade e tensão esmagadoras, dificuldade para raciocinar com clareza e uma ampla variedade de reações comportamentais. Os transtornos das crianças são, de muitas maneiras, semelhantes aos dos adultos, podendo diferir em sua manifestação. Com freqüência, deixamos de reconhecer os seus sinais e sintomas em nós mesmos ou em nossos colegas e, muitas vezes, pode ser ainda mais difícil reconhecer os sinais de que uma criança se encontra nessa situação, uma vez que os seus meios de comunicação são restritos e a sua compreensão dos mundos interno e externo é limitada.

Há períodos na vida de uma criança que são "normalmente" mais estressantes, como freqüentar uma nova escola ou passar pela adolescência. As pessoas diferem muito em sua maneira de lidar com as tensões da vida e algumas adotam estratégias úteis e eficazes a curto prazo, perdendo a função quando persistem muito tempo depois que o problema acabou. Algumas vezes, as crianças escolhem estratégias inadequadas, as quais, em virtude de sua compreensão imatura do mundo, são tidas como meios para resolver os seus problemas quando, na verdade, podem provocar mais sofrimento. É pouco provável que as crianças sejam capazes de equacionar sua aflição, demonstrando provavelmente a existência de um problema por intermédio de seu comportamento.

Atualmente, há muitas evidências de que os transtornos emocionais podem afetar seriamente a saúde e o bem-estar das pessoas. Foram estabelecidas relações causais entre a gravidade de determinadas doenças juvenis, como a artrite reumatóide, a diabete, o câncer e a fibrose cística, e o sofrimento que o indivíduo está vivenciando. Num livro sobre transtornos emocionais na infância e na adolescência, Johnson (1986) descreve estudos que indicam que tais situações aflitivas estão associadas a uma ampla variedade de problemas de saúde, incluindo não apenas problemas físicos e doenças crônicas, mas também freqüência de acidentes.

Esses transtornos são um problema específico na infância porque grande parte da vida e do ambiente de uma criança é controlada por adultos. Com freqüência, as crianças podem ser levadas a sentir que nada podem fazer nessas situações, que sua posição é de total impotência. Isso, por sua vez, provoca sentimentos de apatia e perda de qualquer motivação. A falta de motivação e a ausência de auto-estima são, muitas vezes, conseqüências da aflição não reconhecida na criança, com a qual ela não conseguiu lidar efetivamente, ficando com a sensação de ser incapaz e inadequada.

Embora existam muitos paralelos entre o sofrimento emocional dos adultos e o encontrado nas crianças, também é verdade que estas, sob muitos aspectos, vivem num mundo diferente do dos adultos, e as coisas que as preocupam e angustiam refletem essa diferença. A vida das crianças é em grande parte controlada e administrada pelos adultos. Essa falta de autocontrole sobre os acontecimentos faz com que se sintam particularmente vulneráveis. Se acrescentarmos também a essa equação as suas imaturidades conceituais e percepções errôneas, fica fácil enxergarmos por que podem ser tão afetadas por circunstâncias fora do seu controle.

Da mesma forma, os adultos precisam ser advertidos de que pode haver uma diferença entre as nossas percepções adultas e as das crianças, no que se refere ao impacto dos acontecimentos da vida. Em estudos realizados nos EUA e na Inglaterra, acerca dos efeitos de mudanças de vida sobre os níveis de estresse em crianças, demonstrou-se que a avaliação das próprias crianças sobre os fatos que geram transtornos emocionais tende a mudar com a maturidade. Outros fatores que influenciam o impacto desses eventos são: a capacidade da criança para conceitualizar o evento, sua auto-estima e as mensagens sobre o grau de ameaça representado pelo evento que ela adquire das pessoas significativas em sua vida.

Os eventos aflitivos são normalmente conhecidos pelos adultos significativos para a criança e, com freqüência, ela obtém apoio e compreensão deles. Por outro lado, os eventos aflitivos do dia-a-dia podem ser mais difíceis de identificar e suas conseqüências comportamentais mais difíceis de serem compreendidas pelos adultos. Jane Madders (1987) trabalhou com uma classe do curso primário e com seus colegas na elaboração de uma lista de fatos que incluem tanto os acontecimentos importantes quanto os transtornos do dia-a-dia. A classificação desses eventos feita pelas crianças proporcionou alguns *insights* úteis, quando não inesperados.

Ranking dos eventos

1. Perda de um dos pais (morte ou divórcio)
2. Urinar na sala de aula
3. Perder-se; ser deixado sozinho
4. Ser ameaçado por crianças mais velhas
5. Ser o último do time
6. Ser ridicularizado na classe
7. Brigas dos pais
8. Mudar de classe ou de escola
9. Ir ao dentista/hospital
10. Testes e exames
11. Levar um boletim ruim para casa
12. Quebrar ou perder coisas
13. Ser diferente (sotaque ou roupas)
14. Novo bebê na família
15. Apresentar-se em público
16. Chegar atrasado na escola

A partir dessa lista, podemos ver como os fatores aflitivos do dia-a-dia são importantes na vida das crianças. Por exemplo, observe-se que urinar na sala de aula é a segunda maior preocupação e, por comparação, um novo bebê na família aparece em 14º lugar. Isso enfatiza a idéia de que, para uma criança em idade escolar, as coisas que a diferenciam negativamente dos seus colegas — ou que, em sua opinião a diferenciam — provocam os níveis mais elevados de ansiedade e transtorno.

O foco nas atividades prioritariamente escolares como uma fonte de aflições cotidianas para todas as crianças pode ser considerado encorajador pois, pelo menos, essas são áreas nas quais os professores podem ter alguma influência.

Os pesquisadores também identificaram o fato de que algumas crianças são mais vulneráveis a transtornos emocionais do que outras.

Pertencer a uma minoria étnica ou ser culturalmente diferente pode afetar consideravelmente a habilidade de obter apoio dos colegas; esse tipo de dificuldade, em conjunto com outros problemas, pode tornar essas crianças particularmente vulneráveis.

Werner (1985) descobriu que a sociabilidade, que pode evocar a atenção positiva das pessoas que cuidam das crianças, e a capacidade de comunicação, que lhes permite obter o apoio dos adultos quando necessário, estavam associadas à capacidade de recuperação rápida em todas as idades, da infância à vida adulta. Os meninos sofrem mais situações desse tipo na infância, enquanto as meninas relatam maior ocorrência na adolescência. Os meninos tendem mais a reagir aos transtornos com um comportamento destrutivo, mas as meninas que não têm um modelo feminino efetivo e se encontram sob níveis elevados de estresse também reagem de maneira destrutiva (Masten, 1988). Masten também descobriu que, apesar de os transtornos não afetarem o desempenho de crianças com QI elevado, eles de fato afetam o desempenho de crianças com capacidade menor.

As variáveis interpessoais, particularmente aquelas que afetam o funcionamento familiar, também podem influenciar sobremaneira a resposta de uma criança aos transtornos; por exemplo, a descoberta de que a competência dos pais, especialmente a da mãe, afeta a habilidade das meninas para reagir a níveis elevados de estresse; e a de que as crianças que têm uma ligação forte com os pais lidam melhor com a separação do que aquelas com ligação mais fraca. Descobriu-se que o efeito de proteção dos bons relacionamentos familiares se estende até a adolescência. Quando as crianças sentem que têm algum controle sobre sua vida, sem precisar assumir responsabilidades adultas, elas sofrem menos transtornos. Foi demonstrado que a competência pessoal e os apoios sociais benéficos (amizades e atividades com colegas) têm um efeito profundo em sua capacidade para lidar com essas situações. Quando a competência pessoal e o apoio social são considerados em conjunto, tornam-se mais poderosos do que cada fator em separado.

Um contexto de relações positivas e uma política escolar comportamental global podem ter uma considerável influência para estimular a capacidade de rápida recuperação e diminuir a tensão dos alunos em situações aflitivas. A legislação (Children Act, 1989)* enfatiza bastante

---

* Legislação similar no Brasil é representada pelo "Estatuto da Criança e do Adolescente"; v. p.41, nota 5.

a atitude de tomar "as crianças em primeiro lugar". Sem dúvida, a maioria dos professores afirmaria que já faz isso. Mas tomar as crianças em primeiro lugar não significa apenas dedicar a vida ao trabalho com elas e para elas; significa colocar as necessidades delas na frente de considerações logísticas e operacionais, ser flexível e receptivo; proporcionar estruturas e limites que lhes permitam sentir-se seguras dentro das regras e rotinas da vida escolar. Precisamos pensar de quais maneiras podemos oferecer às crianças o direito de ter suas necessidades emocionais e de desenvolvimento atendidas, sem lhes transferir a responsabilidade para que isso aconteça. Esse equilíbrio pode ser a contribuição mais efetiva para essa premissa enaltecida, porém ilusória, de "um contexto escolar positivo". As crianças em idade escolar passam a maior parte da vida em nossas escolas e os professores desempenham um papel importante no que se refere à maneira de a criança lidar construtivamente com as suas experiências.

Os professores não têm a responsabilidade de enfrentar todos os traumas da vida de uma criança; mas, por meio da compreensão, podem algumas vezes diminuir seu sofrimento. O senso comum considera a infância uma época feliz, de tardes quentes de verão, brincadeiras e atividades esportivas. Nem todas as nossas crianças olharão para trás, para essa etapa da vida, com boas lembranças como essas; mas, para todas elas, haverá a recordação de professores que fizeram alguma diferença significativa em suas vidas. As nossas próprias histórias são um testemunho disso. Professores fazem diferença e aquilo que realizam pode fazer muita diferença.

Bibliografia

ARNOLD, L. E. (1990) *Childhood stress.* John Wiley & Sons.

JOHNSON, J. H.; MCCUTCHION, S. (1980) Assessing life stress in older children and adolescents: preliminary findings with the life events checklist. In: SARASON, I. G.; SPIELBERGER, C. D. (eds.) *Stress and anxiety.* Nova York: Hemisphere.

JOHNSON, J. H. (1986) *Life event stressors in childhood and adolescence.* Sage Publications.

MADDERS, J. (1987) *Relax and be happy.* Union Paperbacks.

MAINS, B.; ROBINSON, G. (1992) *The no blame approach.* The Lame Duck Publishing.

MASTEN, A. S. *et al.* (1988) Competence and stress in school children: the moderating effect of individual and family qualities. *Journal of Child Psychology and Psychiatry,* 29 (6).

RUTTER, M. (1979) Protective factors in children's responses to stress and disadvantage. In: KENT, M. W.; ROLF, J. E. (eds.) *Primary prevention of psychopathology.* University Press of New England.

WERNER, E. E. (1985) Stress and protective factor in children's lives. In: NICHOL, A. R. (ed.) *Longitudinal studies in child psychology and psychiatry.* Wiley.

Cor da minha pele[1]

Homem sem pele branca
Você é fácil de ver e a pele
Que você coça faz eu me odiar

Não sou a farpa que está te irritando
Nem o brilho da sua alma luminosa
É a sua pele que você está coçando
Escura e gordurosa

Meu cabelo é afro, não escorrido
Meus amigos não ligam mas eu me incomodo
Adoro cabelo escuro e olhos azuis
Prefiro ser eles
Eu seria aqueles não eles e não mais condenado.

John Green

---

1. **Colour of my skin**
Man with no white skin / You're easy to see and the skin that / You're scratching makes me hate me. // I ain't the spine that you're hating / Nor your soul's bright spark / It's your skin that you're scratching / So greasy and dark. // I have an Afro, no long flowing hair / My friends make no big deal but I still care / I love dark hair and blue eyes / I'd rather be them / I'd be those not them and no longer condemned.

Proteção infantil:
vidas inocentes*

Pippa Alsop**

Introdução

Durante séculos, as crianças têm sido assassinadas, escravizadas e sofrido abusos. Contudo, só no início da década de 1970 o abuso infantil foi reconhecido e examinado, talvez por causa da morte de uma garota chamada Maria Colwell, que, tendo sido devolvida aos pais após seis anos em lares adotivos, foi espancada até a morte pelo padrasto. O caso de Maria chamou atenção para o sofrimento de crianças que não são compreendidas e morrem em decorrência da ignorância. Um número crescente de crianças morreu nos anos 80, provocando uma série de investigações. Essas mortes fizeram com que as autoridades locais, autoridades da área da saúde e as organizações voluntárias revissem suas atividades no que se refere às necessidades das crianças, iniciando um trabalho preventivo. Isso significa que atualmente pouquíssimas

---

* Este capítulo faz referência a uma série de funções, cargos e instituições de proteção e auxílio a crianças no Reino Unido. Nem sempre existem no Brasil órgãos correspondentes. Quando for feita menção àqueles, consultar as notas no final deste capítulo. (N. do E.)

** Graduou-se em 1974 como assistente social em Bristol e, desde então, trabalha junto à comunidade no âmbito da saúde. Nos últimos dez anos, tem sido a assistente social responsável do Conselho do Condado de Taunton e do National Health Service NHS (Serviço Nacional de Saúde) em Somerset, onde lidera uma equipe de assistentes sociais que atua em hospitais públicos. Durante muitos anos dedicou-se a ajudar famílias enlutadas, em particular pessoas que, subitamente, perderam um ente querido pelo suicídio. Foi uma das fundadoras do Cruse Bereavement Care, em Somerset, e representante no Conselho Nacional, proferindo conferências locais e nacionais sobre questões relacionadas a doenças terminais e luto.

crianças morrem. Contudo, sabemos que, a cada ano, milhares de crianças sofrem abusos de várias maneiras, cometidos por familiares, responsáveis, amigos, conhecidos e estranhos.

Em algumas regiões, os professores jamais encontrarão crianças que sofreram abusos, mas em outras, particularmente na periferia das grandes cidades, a experiência é mais freqüente. Esse é um tema muito delicado, portanto é importante que os professores e a equipe de apoio dos estabelecimentos educacionais saibam o que procurar e o que fazer se suspeitarem da ocorrência de abuso.

O que é abuso infantil?

As crianças podem sofrer abusos de muitas maneiras, mas a definição de abuso infantil geralmente é dividida em quatro categorias:

1. Dano físico
2. Negligência
3. Abuso sexual
4. Abuso emocional

Dano físico

O dano físico pode abranger desde a utilização de uma disciplina exageradamente rígida até esbofetear, sacudir, dar socos, queimar e deliberadamente machucar uma criança. A maioria das crianças mortas faleceu como resultado de dano físico deliberado cometido por pais ou outros responsáveis.

Negligência

A negligência pode abranger desde ignorar as necessidades de desenvolvimento de uma criança até deixar de alimentá-la ou vesti-la adequadamente; isso inclui toda a falta de cuidados a uma criança pequena. Os professores devem ficar particularmente atentos aos sinais de advertência, que podem incluir: apetite voraz na escola, roubar comida de outras crianças, cabelos ralos e secos, atraso no desenvolvimento, indiferença, estado de alerta constante, relacionamentos indiscriminados com adultos, baixa estatura e peso abaixo da idade cronológica, membros inchados com feridas que demoram para curar e pele em más condições.

Abuso sexual

O abuso sexual é o envolvimento de crianças e jovens imaturos e dependentes em atividades sexuais que não entendem e para as quais são incapazes de dar o seu consentimento formal; ou, então, que violam tabus sociais e papéis familiares. Isso pode incluir o toque de maneira inadequada, pornografia, bem como tentativa ou efetivação de ato sexual.

Abuso emocional

Geralmente, o abuso emocional é muito difícil de se identificar: consiste em graves efeitos perniciosos no comportamento e no desenvolvimento emocional de uma criança, provocado por persistentes, e severos maus-tratos emocionais ou rejeição.

Devemos notar que as crianças podem sofrer abusos de várias maneiras, as quais podem incluir uma ou mais dessas categorias.

Outros indícios de abuso

Ao considerarmos a hipótese de que uma criança possa ter sofrido abuso, devemos levar em consideração uma série de outros fatores. As pesquisas indicam que o abuso infantil tem maior probabilidade de ocorrer em famílias com determinadas características. A identificação dessas famílias pode ajudar no trabalho preventivo. Essas características podem aumentar a suspeita de abuso, mas não provam a sua ocorrência.

Elas incluem pais jovens sem um estilo de vida estabelecido, socialmente isolados e com relacionamentos interpessoais empobrecidos; pais que sofreram agressão, abuso, rompimento ou rejeição na própria infância; pais que estão sob estresse decorrente de problemas financeiros; más condições de moradia; pais imaturos e emocionalmente instáveis, que podem ser dependentes de bebidas ou drogas; pais de inteligência limitada e com histórico de doença mental, bem como situações em que um dos parceiros não é o pai biológico da criança.

A abordagem interdisciplinar à proteção infantil

No plano local, todas as regiões têm um Comitê Regional de Proteção Infantil[1] (Area Child Protection Committee) que oferece um foro comum para desenvolver, monitorar e reavaliar políticas de proteção infantil. Os comitês de proteção infantil distribuem orientações disponíveis a todos os profissionais, contendo procedimentos para identificar, investigar e reavaliar crianças que sofreram abusos. Todos os estabelecimentos educacionais têm acesso a uma cópia dessas orientações, seja por intermédio do diretor ou de um membro superior da equipe, nomeado para lidar com questões relacionadas à proteção infantil, e também conhecido como coordenador da proteção infantil.[2] É muito importante que toda a equipe de professores e de apoio conheça essas orientações para, no caso de qualquer suspeita de abuso infantil ou de uma criança revelar a um membro da equipe que está sofrendo abusos, saberem como agir.

Essas orientações informam o leitor sobre todo o processo de respostas ao abuso de crianças, incluindo definições de abuso, como é feito o encaminhamento até discussões de caso de proteção infantil, procedimentos jurídicos e reavaliação.

A responsabilidade maior com o cuidado e proteção de crianças que sofreram abusos é do departamento de serviço social da autoridade local.[3] Contudo, os casos podem ser encaminhados à polícia e à Sociedade Nacional para a Prevenção de Crueldade com Crianças (National Society for the Prevention of Cruelty to Children). É provável que numa situação em que um professor ou membro da equipe de apoio nas escolas suspeite da existência de abuso, o principal ponto de referência seja o departamento de serviço social, por intermédio do membro nomeado[4] da equipe ou do coordenador da proteção infantil. A maior parte das escolas terá ligações com as autoridades locais de serviço social, seja por meio do *education welfare officer*, do assistente social da escola ou do psicólogo educacional, e esse contato certamente pode ajudar o processo de encaminhamento uma vez que, espera-se, a confiança já estará estabelecida entre as agências.

O Children Act 1989[5]

O Children Act 1989, uma nova estrutura abrangente cujo objetivo era garantir cuidado e proteção às crianças, foi totalmente implementado em outubro de 1991.

Os seus principais fundamentos são os de que o bem-estar da criança é mais importante do que qualquer coisa e, onde possível, as autoridades locais devem trabalhar em parceria com os pais, para permitir que as crianças continuem com sua família por acordo voluntário. A ação compulsória seria indicada pelos tribunais somente quando for no melhor interesse da criança.

Orientações nacionais, a saber, HMSO, *Working together under the Children Act 1989*, estão disponíveis e oferecem informações para a equipe educacional a respeito do seu papel e dos processos esperados com referência a questões de proteção infantil.

O papel da equipe trabalhando no serviço de educação com referência à proteção infantil

A equipe trabalhando em estabelecimentos educacionais, tanto no setor público quanto no privado, terá um papel importante na identificação precoce de crianças que estão sofrendo abusos ou com suspeita de os terem sofrido. Os professores e a equipe de apoio geralmente vêem as crianças com muito mais freqüência do que outros profissionais, podendo observar sinais de negligência e de abuso físico, sexual e emocional. Os professores também desempenharão um papel nos casos em que o abuso já tiver sido comprovado e a criança estiver com uma família ou sob os cuidados de outros responsáveis. Eles devem ficar atentos aos sinais de angústia, privação emocional e mudanças significativas no comportamento de uma criança.

Se um professor ou um membro da equipe de apoio suspeitar que uma criança sob seus cuidados está sofrendo qualquer tipo de abuso, é importante relatar o fato imediatamente ao diretor ou ao coordenador da proteção infantil da escola; este alertaria o departamento local de serviço social, o qual iniciará os procedimentos em colaboração com outras organizações.

É importante que as orientações do comitê de proteção infantil regional sejam rigorosamente seguidas.

No caso de dano físico ou de séria ameaça à segurança da criança, o fator mais importante é garantir que ela fique segura, sem correr o risco de ser submetida a mais abusos. Se uma criança comparece à escola com ferimentos que exijam cuidados médicos, esta deve imediatamente buscar ajuda médica. Isso pode significar levá-la até um hospital ou a um clínico geral. Os pais ou responsáveis devem ser informados, mas não deve haver discussão sobre a causa dos ferimentos.

No contexto do abuso sexual, se esse for revelado a um professor, é importante que este reconheça o quanto deve ter sido doloroso para a criança fazer tal revelação. Além disso, o processo de investigação pode ser mais lento do que no caso de abuso físico, sendo necessário mais tempo para confrontar e avaliar as informações. Autoridades locais foram criticadas, como nos inquéritos de Cleveland e Orkneys, ao agirem precipitadamente no contexto do abuso sexual infantil.

Depois de encaminhar o caso ao departamento de serviço social, este imediatamente designará um assistente social com experiência em proteção infantil, que será supervisionado por um membro superior da equipe do serviço social. Uma investigação será imediatamente iniciada, um exame médico solicitado e a polícia será informada. As autoridades locais têm convênios de atuação conjunta com a polícia e muitos já treinaram juntos, seguindo as mesmas regras nos casos de proteção infantil.

O processo de investigação pode ser muito difícil para os professores e para a equipe de apoio, particularmente no que se refere ao perpetrador sob suspeita, especialmente se ele for um dos pais ou responsável pela criança e se houver outras crianças da mesma família na escola.

Na suspeita de que a criança possa estar correndo o perigo de abuso iminente, ela pode ser retirada de casa com uma Emergency Protection Order.[6] É muito importante manter o sigilo, pelo bem da criança, seus irmãos, pais ou responsáveis e que a equipe receba apoio adequado dos superiores nesse momento difícil.

Os métodos de trabalho conjunto irão assegurar a utilização de estratégias por todos os profissionais envolvidos, minimizando qualquer constrangimento entre os pais e a equipe escolar. Nesse momento, os assistentes sociais da escola, *education welfare officers,* e os psicólogos educacionais podem proporcionar excelente apoio e relatórios para a equipe, pois, com freqüência, essa situação causa um profundo sofrimento emocional na criança, nos irmãos, nos pais ou responsáveis.

Durante o processo de investigação, o assistente social provavelmente envolverá a polícia, outros profissionais, pais ou responsáveis e a criança e, então, marcará a reunião para a discussão de caso da proteção infantil. Geralmente, todos os profissionais envolvidos, juntamente com os pais ou responsáveis, e a criança, quando ela tem idade suficiente para compreender, participam da discussão do caso. O protocolo da autoridade específica estará nas orientações do comitê de proteção infantil regional e, novamente, é importante que elas sejam lidas e seguidas.

O processo de investigação

Há muitas maneiras de investigar relatos sobre questões relacionadas a crianças. A investigação dependerá do tipo de preocupação e das informações disponíveis. A maioria desses relatos é investigada até 24 horas após seu recebimento e, com freqüência, em algumas horas.

O assistente social ou seu superior verificarão:

1. Se a criança já é conhecida no departamento de serviço social e, em caso afirmativo, quais as informações disponíveis. Provavelmente, a equipe educacional já saberá se a criança é conhecida naquele departamento.
2. Se a criança consta do registro de proteção infantil regional e, se constar, sob qual categoria.
3. Quem é o clínico geral que a atende. Se houver essa informação, há possibilidade de entrar em contato com ele para obter informações sobre o seu conhecimento e experiência com a criança e sua família.
4. A possibilidade de discutir com o diretor da escola ou com o coordenador da proteção infantil da escola a respeito do que eles sabem.
5. O contato com qualquer outro profissional que possa dar mais informações.

A discussão de caso da proteção infantil

É dever das autoridades do departamento local de serviço social iniciar uma discussão de caso quando houver uma séria preocupação de que uma criança possa ter sofrido abuso ou corre o perigo de sofrê-lo. Todos os profissionais que conhecem a criança ou têm uma contribuição a fazer serão convocados a comparecer à discussão de caso ou a enviar um relatório. Portanto, os professores estarão envolvidos.

Os pais ou responsáveis serão convidados para a discussão de caso, junto com um advogado ou amigo. Atualmente, a maioria das autoridades locais envolve pais ou responsáveis na discussão de caso. As crianças também serão convidadas se tiverem idade suficiente para compreender o processo.

A discussão de caso da proteção é um estágio essencial no trabalho conjunto em casos individuais e proporciona o principal foro para profissionais, a família e a criança, quando adequado, para trocar informações e preocupações, analisar os níveis de riscos para a criança ou crianças e fazer recomendações para ações futuras. Não é um foro para decisão formal da ocorrência ou não de abuso; isso é um crime e será investigado pela polícia.

As principais tarefas da discussão de caso da proteção infantil

1. Estabelecer os fatos a respeito das circunstâncias que deram origem à preocupação.
2. Decidir se há fundamentos para a preocupação.
3. Identificar fontes e nível de risco.
4. Decidir ações preventivas ou outras com relação à criança e quaisquer outras crianças.

Decisões da discussão de caso da proteção infantil

A discussão de caso da proteção infantil resultará em decisões relacionadas aos cuidados com a criança e seu futuro.

1. Colocar ou não o nome da criança ou da família no Registro de Proteção Infantil.[7]
2. Retirar ou não o nome da família do registro como no processo de avaliação.
3. Se a(s) criança(s) estiver (em) registrada(s), quem será o elemento-chave na família.
4. Qual será o plano de proteção à criança.

O elemento-chave geralmente será o assistente social que trabalha para as autoridades locais de serviço social. Ele, juntamente com seu superintendente, formará um grupo central de profissionais que se encontrará regularmente para discutir o progresso da criança e da sua família ou responsáveis. Assim, o elemento-chave terá muito contato com a equipe educacional e com a pessoa responsável pela criança na escola.

Ele também trabalhará em parceria com os pais, os responsáveis e a criança, para verificar de que maneira as suas necessidades de ajuda futura poderão ser atendidas da melhor maneira.

De acordo com o Children Act 1989, as autoridades locais devem trabalhar em parceria com os pais; contudo, nos casos de abuso grave, pode ser necessário que a criança deixe a família, sendo encaminhada a uma família adotiva ou a parentes. Nesses casos, também pode ser necessário que o autor do abuso deixe o lar para que a criança possa ficar com a sua família. Para isso, talvez seja necessário obter uma ordem judicial.

Em todo esse processo, o professor será uma pessoa fundamental no grupo central e estará envolvido no planejamento e no processo terapêutico para ajudar as crianças e sua família ou responsáveis a lidar com o abuso ocorrido e para impedir novos abusos.

Mantendo registros na escola

As informações sobre crianças que constam do registro de proteção infantil são rotineiramente entregues às escolas, juntamente com uma cópia do plano de proteção infantil elaborado na discussão de caso da proteção infantil. Toda a equipe deve ter conhecimento das crianças que requerem cuidadosa vigilância e da ajuda que lhes está sendo oferecida de acordo com o plano.

Há necessidade de manter registros cuidadosos, que estarão disponíveis quando a criança for reavaliada. As informações relacionadas à proteção da criança devem ser mantidas em arquivos separados, pois são estritamente confidenciais e só devem ser reveladas quando houver necessidade. Os professores precisam saber quando uma criança está correndo perigo e qual é o plano, mas talvez não precisem conhecer todos os detalhes confidenciais. As informações devem ser mantidas atualizadas, em ordem cronológica e facilmente acessíveis. Todas essas informações devem ser guardadas pelo diretor ou pelo coordenador de proteção à criança da escola, com planos contingentes para quando ela não estiver na escola.

Os professores que mantêm um contato regular com a criança podem considerar útil manter um diário para fazer anotações sobre ela. Essa será uma ferramenta indicativa muito útil quando chegar o momento do processo de reavaliação. Caso seja utilizado um diário, este deve ser mantido em local seguro e só deve ser empregado como um registro por aquele professor.

A prevenção do abuso em estabelecimentos educacionais

A HMSO, o Departamento de Saúde, o Departamento de Educação e *Science Working together under the Children Act 1989* afirmam claramente que o National Curriculum Council recomenda que as crianças com cinco anos de idade ou mais devem começar a desenvolver habilidades e práticas que irão ajudá-las a manter sua segurança pessoal. A vida familiar, o sexo e a educação para a segurança também foram identificados como os três principais componentes da educação e incluiu a educação para a vida familiar como um tema essencial em suas recomendações para escolas no que se refere à educação para a cidadania.

Várias publicações relacionadas à educação para a saúde e o desenvolvimento de um currículo educacional social e pessoal já se encontram disponíveis nas escolas e ambos tratam das questões de segurança e proteção da criança. Algumas escolas participarão de treinamento interdisciplinar relacionado às questões de proteção infantil, outras podem depender totalmente da leitura de publicações pertinentes e das informações e recomendações obtidas com outros profissionais.

Questões sobre proteção infantil e abuso sexual

Quando uma criança é tocada sexualmente por um adulto, isso constitui abuso sexual. O abuso sexual infantil é cometido em todas as classes, religiões, culturas, raças e, mais freqüentemente, é cometido por alguém que a criança ama. Geralmente, a criança fica isolada com segredos terríveis que teme revelar. Ela é ameaçada pelo agressor, sentindo-se violentada e culpada. Sua confusão priva-a da inocência da infância. A criança se sentirá traída, vulnerável e a sua confiança e amor pelo agressor ficarão destroçados. Ela terá dificuldade para contar a qualquer pessoa que o abuso ocorreu e não saberá como dizer "não". Muitos adultos, sobreviventes de abuso sexual na infância, carregam um legado de vergonha, culpa, raiva e isolamento, porque não conseguiram falar a respeito das suas experiências. Muitos deles falam sobre a esperança que tinham de poder confiar num membro da equipe escolar, mas sempre foram incapazes de fazê-lo por causa da grande vergonha e horror que sentiam.

Sinais de abuso em crianças

Os professores e a equipe de apoio devem ficar atentos aos sinais, que podem ser físicos ou comportamentais, em crianças vítimas de abuso.

1. Relutância para tirar a roupa durante a prática de esportes ou jogos
2. Evitar contato físico
3. Aparência tensa
4. Relutância em voltar para casa
5. Cabular aula
6. Conhecimento ou interesse por atos sexuais inadequados para a idade da criança

7. Falta de concentração
8. Distúrbios alimentares
9. Ansiedade constante
10. Mudanças súbitas de humor
11. Chorar sem motivo
12. Atuação de comportamento sexual
13. Masturbação excessiva

Outros sinais em crianças mais velhas

Em crianças mais velhas podem existir outros sinais, como:

1. Depressão
2. Comportamento reservado
3. Pensamentos suicidas
4. Baixa auto-estima
5. Uso de álcool ou drogas
6. Automutilação

Essa não é uma lista completa, mas pode servir de referência para a equipe dos estabelecimentos educacionais. Também deve ser utilizada com cautela uma vez que esses sintomas podem indicar outras tensões que fazem parte da infância e da adolescência.

Se uma criança revela a ocorrência de abuso sexual a um professor, isso significa que ela tem uma relação de confiança com esse membro da equipe e tal relação não deve ser destruída de maneira alguma. Portanto, é imperativo que o membro da equipe não demonstre choque ou descrença. É altamente improvável que a criança esteja inventando uma história e talvez ela tenha necessitado de muito tempo para chegar a fazer a revelação.

O professor ou membro da equipe que escuta a revelação deve deixar a criança segura de que pode confiar nele. Deve, também, ajudá-la a compreender que precisará compartilhar a informação com outros profissionais para mantê-la em segurança, e para que a revelação seja investigada adequadamente.

É importante lembrar que esse processo pode demorar mas, diferente do abuso físico, o abuso sexual provavelmente está ocorrendo há algum tempo. Assim, é improvável que a criança corra algum perigo iminente, a não ser que o agressor tenha conhecimento da revelação. Também é preciso lembrar que a criança deseja, acima de tudo, que o abuso cesse e, com freqüência, o abuso está ocorrendo entre a criança e alguém que ela ama. Portanto, ela não desejará ver a sua vida destruída, e tampouco fará questão de que o agressor seja punido.

Infelizmente para a criança, depois de feita a revelação, isso é praticamente impossível e, até certo ponto, provocará ainda mais perdas para ela. O membro da equipe deve ser muito compreensivo e solidário ao lidar com a criança durante a provação que cerca a revelação e suas conseqüências.

Como se sentem as crianças que sofreram abuso

Como já mencionamos, uma criança que sofreu abuso terá sentimentos profundos que distorcem a sua visão de mundo. Esses sentimentos podem incluir as seguintes emoções.

Raiva e ressentimento

O papel parental de proteção foi violado e, assim, a criança sente raiva do agressor. O conflito surge porque o agressor também pode ser alguém que ela ama, especialmente se for um dos pais. Pode haver ressentimento porque os pais não a protegeram.

Dor

A criança lamenta a perda da relação de vínculo estreito entre pai e filho. Mesmo que esse vínculo nunca tenha-se estabelecido adequadamente, a criança sofrerá pela inexistência deste.

Confusão

As pessoas que cometem abusos confundem os papéis na família, geralmente escolhendo uma determinada criança da qual abusarão. Esse abuso freqüentemente envolve mentir para a criança, suborná-la, ameaçá-la, tratá-la como um adulto em algumas interações e como vítima em outras. É um abuso total do papel parental de proteção e provoca confusão mental na criança.

Traição

As crianças sentem que o seu amor foi traído, e isso as faz duvidar de todos os relacionamentos e desconfiar das ofertas genuínas de amor e amizade. É característico que essas crianças se afastem de muitas interações como forma de defesa emocional.

Auto-aversão

Para manter segredo, os adultos que abusam de crianças com freqüência as encorajam a compartilhar a culpa por suas ações. As crianças podem ter sentido prazer sexual com determinado abuso e isso reforça os seus sentimentos de culpa. A criança terá uma baixa auto-estima e uma forte aversão por si mesma e por suas ações. Portanto, torna-se cada vez mais isolada das pessoas à sua volta.

Conclusão

O abuso infantil é uma das situações mais delicadas com a qual a equipe dos estabelecimentos educacionais terá de lidar, uma situação que pode desafiar todos os seus próprios valores. É extremamente importante que as necessidades da criança sejam colocadas acima de todas as outras e as práticas já utilizadas nas escolas sejam apoiadas pelo trabalho em parceria com os pais.

As crianças que sofreram abuso terão necessidades exigentes e variáveis. Elas podem precisar de terapia individual, terapia familiar ou participar de um grupo formado nas escolas para crianças com transtornos emocionais. O Capítulo 12, que trata de trabalho em grupo, oferece informações sobre a natureza de grupos na escola, sua administração e como eles podem efetivamente ajudar algumas crianças que sofreram abuso.

É essencial perceber a importância do trabalho conjunto com outras organizações e manter a confiança, tanto na área da prevenção quanto na de monitoração e terapia para crianças. Somente com um bom nível de cooperação e apoio entre as organizações podemos esperar que, no futuro, um número menor de crianças sofra abusos por seus familiares ou substitutos.

Referências

Child abuse: a study of Inquiry Reports 1980-1989 (1991) HMSO
Working together under The Children Act 1989 (1991) HMSO
ELLIOT, M. (1988) *Keeping safe*. Hodder & Stoughton.
FREEMAN, L. (1982) *It's my body: a book to teach young children how to resist uncomfortable touch*. Parenting Press Inc. EUA.
JONES, D. (1987) *Understanding child abuse*. 2ª ed., Macmillan.

LENNIT, R.; CRANTE, B. (1986) *It's OK to say no*. Thorsons (Esse livro mostra como as crianças podem se proteger contra o abuso sexual cometido por pessoas que elas conhecem bem como por estranhos.)

Vídeo

Kids can say no. Um vídeo inglês produzido por Rolf Harris e adequado para o trabalho com crianças pequenas em idade escolar. Disponível: CFL Vision, Chalfont Grove, Gerrards Cross, Bucks.

Notas

1. No Brasil temos previsto em lei a criação dos Conselhos Tutelares (ECA, art. 131), em pleno funcionamento nas cidades maiores (o município de São Paulo tem vinte CT em atividade), com muitas atribuições na área da proteção da criança e do adolescente, dentre as quais atender os jovens carentes e abandonados, as crianças que cometeram ato infracional, e respectivos pais ou responsáveis, aplicando-lhes as medidas socioprotetivas mencionadas do art. 101 do ECA. São órgãos independentes da administração pública cujos integrantes são eleitos pela comunidade para um mandato de três anos.

2. Não temos conhecimento, no país, da existência nos estabelecimentos de ensino públicos ou privados da figura de um "coordenador da proteção infantil", uma espécie de *ombudsman* encarregado de reivindicar e promover a defesa dos direitos da criança e do adolescente.

3. Institucionalmente (na área governamental, dos poderes públicos), no Brasil, os órgãos definidos em lei para prestarem a mais ampla proteção aos direitos da criança e do adolescente são o Conselho Tutelar e as Varas da Infância e da Juventude, o primeiro composto por membros eleitos na comunidade (no mínimo cinco) e estas constituídas por um ou mais juízes de direito, por promotores de justiça, pelo cartório, por oficiais de justiça e pela equipe interdisciplinar, composta de psicólogos e assistentes sociais, ambas as instituições com a incumbência de promoverem a proteção integral à criança e ao adolescente com as mais variadas medidas, inclusive nos casos de abuso e vitimização.

4. No caso de constatação ou suspeita da existência de uma criança vitimizada, seja por violência física, sexual, emocional, e em todos os casos de violação de direito da criança e do adolescente, a pessoa interessada na defesa do jovem, seja ela quem for (ECA, art. 70: *É dever de todos prevenir a ocorrência de ameaça ou violação dos direitos da criança e do adolescente*), deve dirigir-se ao Conselho Tutelar ou à Vara

da Infância e da Juventude (VIJ) da região, ou comarca, da residência da vítima, para dar notícia àqueles que, por lei, têm o dever de tomar as medidas necessárias à proteção da criança. A eventual omissão, se constatada, será punida na forma da lei (ECA art. 245; CP art. 135).

Essa notícia pode ser verbal, ao conselheiro tutelar ou ao profissional da VIJ (assistente social e/ou ao psicólogo da equipe interdisciplinar, ou "Setor Técnico"), sem que o denunciante seja obrigado a identificar-se, porque o fato será objeto de investigação, sempre no interesse de ser promovida a recuperação de um ambiente familiar saudável a seus membros. Todos os procedimentos são sigilosos, tanto no interesse da criança quanto no de sua família (ECA, art. 17, 143 etc.).

5. No Brasil sempre tivemos legislações de proteção à criança e ao adolescente desde o pioneiro Código Mello Mattos, de 1926, leis que vieram sendo aperfeiçoadas segundo as modernas doutrinas de cada época.

Atualmente está em vigor o Estatuto da Criança e do Adolescente (ECA — Lei nº 8.069/90), desde 13/10/90, que adotou e normatizou a doutrina da proteção integral, com medidas socioprotetivas e socioeducativas aos jovens e à entidade familiar.

6. No caso de verificação da impossibilidade da permanência da criança, ou adolescente, com a família, ou na entidade familiar em que se encontra inserido no início do estudo do caso pela equipe interdisciplinar da Vara da Infância e da Juventude, mediante recomendação do profissional competente, o jovem poderá ser retirado do poder da pessoa a quem está submetido (pais, parentes ou estranhos) somente *por ordem judicial*, mediante "mandado de busca e apreensão" expedido pelo Juiz e cumprido por oficial e justiça ou pelo voluntário do Juízo (antigo comissário de menores).

7. Somente no âmbito do Poder Judiciário existe um registro sistemático do nome e identificação da criança e do adolescente cuja situação chegou ao conhecimento da autoridade judiciária (juiz) e/ou do promotor de justiça ou da equipe interdisciplinar (Setor Técnico). Tudo é registrado, mas a consulta é subordinada à autorização judicial.

Existem iniciativas do Tribunal de Justiça do estado de São Paulo para a implantação de uma rede informatizada de cadastramento dos casos com planilhas dos dados colhidos pelo Setor Técnico, com abrangência de todas as comarcas do estado.

Recursos e organizações para situações de abuso sexual infantil

Há numerosas instituições de apoio à criança e ao adolescente vítima de abuso sexual, bem como órgãos de orientação para profissionais de educação e saúde mental. Recomendamos especialmente o Cecria e a Fundação ABRINQ como fonte de orientação básica e encaminhamento conforme as necessidades do aluno e/ou do profissional.

CECRIA
Avevida W/3 Norte Q 506, Bl. C Mezzanino, lojas 21 e 25
Brasília, DF — CEP: 70740-530
Tel./fax (0XX61) 274-6632/ 340-8708
e-mail:cecria@brnet.com.br
homepage:www.cecria.com.br

Fundação *ABRINQ* — Oficina de Idéias
R. Lisboa, 224, Jardim América, São Paulo, SP — CEP: 05419-001
Tel./fax (0XX11) 881-0699
e-mail: info@fundabrinq.org.br

Sugerimos como leitura fundamental para o professor sobre o tema o livro *Crianças vítimas de abuso sexual*, organizado por Marceline Gabel, e publicado pela Summus, em 1997. Nesse livro o leitor encontrará um rico referencial teórico para a compreensão do problema, além de um Apêndice à edição brasileira contendo detalhes específicos sobre a legislação brasileira sobre o assunto e dados fornecidos pela RECRIA — Rede de Informações sobre Violência, Exploração e Abuso Sexual contra crianças e adolescentes, com uma vasta lista de instituições de apoio em todo o Brasil.

Este capítulo foi revisado pelo juiz Rodrigo Lobato Junqueira Enout, da Vara de Infância e da Juventude do Foro Regional XI — Pinheiros, São Paulo, que contribuiu valiosamente na adaptação de termos jurídicos e situações da realidade brasileira, bem como pela dra. Rosanne Mantilla de Souza, do Núcleo da Família e Comunidade do Programa de Pós-Graduação em psicologia clínica da PUC-SP.

Eu me pergunto por que você me ama*
Um mundo separa seu coração de mim
Você está tantos céus acima de mim
E é uma piranha desgraçada sim.

Não me interesso pelas pessoas
Porque eu sou um andarilho
Vagando sem rumo.

Casamento é morte
Muitas vidas acabadas
Meu pobre velho coração partido
Por vinte esposas, despedaçado.

Crianças choram pela mãe
Acho que choram todo dia
Então, eu as levo de volta
Para a mãe, afinal não as queria.

John Green

---

* Wonder why you love me / I'm a world apart from your heart / You're so many skies above me / And your're a bloody tart. // I have no eyes for people / cause I'm a rocking rolling casual / strolling man. // Marriage is a killer / the end of many lives / my poor old heart is broken / smashed by twenty wives. // Children cry for mummy / I think they cry everyday / So I take them back to / mummy, didn't want them anyway.

Divórcio, separação e novo casamento

Trisha McCaffrey*
Heather Collins**

Introdução

Uma em cada oito crianças provavelmente terá de se confrontar com o divórcio dos pais até os dez anos de idade, e uma em cada cinco, até os dezesseis. Durante as difíceis fases da separação conjugal, a sociedade geralmente espera que os professores assumam um pouco da responsabilidade de lidar com a criança emocionalmente abalada. Esse texto visa compartilhar aquilo que é conhecido a respeito das necessidades das crianças nesse momento difícil, para que os professores compreendam melhor os problemas e orientem suas interações com as crianças. Contudo, não é nossa intenção sugerir que se tornem "terapeutas" ou que lidar com os transtornos emocionais infantis é responsabilidade exclusiva deles.

Os transtornos vivenciados pelas famílias durante uma separação conjugal irão inevitavelmente afetar o desempenho escolar da criança. Em qualquer classe de qualquer idade, provavelmente haverá de três a cinco crianças envolvidas numa situação dessas: portanto, esperamos

---

*Deixou de lecionar em 1980 para estudar psicologia na Universidade de Lancaster, e fez treinamento profissional na Universidade de Southampton. Obteve mestrado em psicologia educacional em 1986 e, em maio de 1992, foi nomeada psicóloga sênior em East Kent, cargo que associa educação e serviço social, e é resultado do Children Act 1989. Parte de sua atividade é intermediar a proteção infantil. Antes disso, trabalhou quase seis anos como psicóloga educacional em Somerset, interessando-se, em particular, pelo desenvolvimento de estratégias para apoiar crianças com sérios transtornos emocionais como resultado de experiências de abuso ou eventos traumáticos.

** Psicóloga educacional sênior no Conselho do Condado de Somerset.

que as questões aqui levantadas proporcionem uma compreensão efetiva para todos os professores, e não apenas para aqueles com responsabilidade direta de assistência e acompanhamento.

As pesquisas indicam que o divórcio é um processo que se estende durante anos e provoca múltiplos transtornos nas crianças. Mesmo quando os pais finalmente se separam ou se divorciam, as crianças geralmente precisam de dois a cinco anos para se adaptar à nova situação.

Os pais que estão se separando precisam deixar claro o rompimento, afastando-se um do outro. Isso pode ser muito angustiante para as crianças que amam ambos os pais e são obrigadas a testemunhar discussões ou silêncios rancorosos; ou a ouvir as justificativas de um dos pais, ou possivelmente de ambos, para explicar seus atos, em geral usando termos adultos. É sabido que as crianças provavelmente não atingiram um nível de raciocínio que lhes permita compreender o que está acontecendo a partir de uma perspectiva adulta.

A separação conjugal tem um efeito profundo nas crianças. As pesquisas sugerem que não é isso o que elas desejam, por mais difícil que se tenha tornado o relacionamento dos pais. Muitas crianças preferem que os pais permaneçam juntos e, mesmo após o divórcio ou o novo casamento, ainda fantasiam a possibilidade de uma reconciliação. Elas passam por um processo semelhante ao da perda e do luto.

A auto-estima de uma criança é gerada pelo sentimento de fazer parte de uma identidade herdada de ambos os pais. Com freqüência, as características familiares são comentadas por amigos e parentes, tornando-se parte dos atributos da identidade pessoal da criança. Durante a separação e depois dela, as críticas que os pais fazem um ao outro podem levar a criança a sentir que parte da sua própria identidade também é ruim e sem valor. Freqüentemente, as crianças experienciam uma dramática perda de auto-estima durante a separação e o divórcio. Isso pode torná-las muito isoladas e retraídas, duvidando do seu próprio valor e capacidade. Por outro lado, podem começar a demandar uma atenção excessiva, desesperadas pela aprovação dos adultos. Ambos os tipos de comportamento devem ser considerados como um aviso de que a criança vai precisar de ajuda e apoio para reconstruir a confiança na sua própria identidade e valor individual.

Como estamos falando de três a cinco crianças num grupo de vinte, a maioria dos professores vai deparar, de vez em quando, com crianças em pleno processo de um trauma emocional grave. Elas podem levar anos para superar e resolver as questões envolvidas, e é muito importante que as pessoas não subestimem os transtornos que estão vivendo. A separação conjugal tem uma série de estágios e cada um deles provavelmente terá um impacto significativo sobre as crianças.

Avis Brenner, em seu livro *Helping Children Cope with Stress* (Ajudando as crianças a lidar com os transtornos), descreveu os estágios pelos quais as crianças podem passar. A seguir, alguns pontos que ela aborda.

Primeiro estágio — o casamento conturbado

A percepção que a criança tem dos problemas vai depender da sua idade. Apesar da hostilidade aumentada entre os pais, crianças pequenas tendem a não notar as tensões. Em idade escolar, são capazes de observar a animosidade entre aqueles, mas sua reação dependerá do comportamento deles.

Algumas crianças serão testemunhas de agressão física ou psicológica entre os pais, podendo ficar muito assustadas, com medo de que alguém possa se machucar. Esse também é o estágio em que pode haver uma conspiração de silêncio, em que os pais relutam em admitir, até para si mesmos, que o casamento está atravessando sérias dificuldades.

Algumas crianças podem tentar gerar crises, quebrar esse silêncio ou desviar a atenção das hostilidades. Algumas imitam o comportamento irritado, escandaloso dos pais, outras ficam retraídas, e outras, ainda, são obrigadas a tomar partido na guerra conjugal.

Com freqüência, as mudanças no comportamento da criança podem alertar o professor para o fato de que as coisas não vão bem em casa, que ela talvez esteja precisando de uma oportunidade para revelar as suas preocupações a um adulto em que confia. Ela pode também expressar os seus sentimentos por meio da arte, do teatro ou da redação.

É importante que o adulto em quem a criança confiou mantenha sigilo sobre qualquer conversa, e resista à tentação de se envolver na briga, levantando questões para os pais. Talvez possa, porém, mencionar a estes as mudanças comportamentais observadas e compartilhar preocupações gerais relacionadas com a escola. Mas é claro que qualquer revelação de abuso deve ser tratada de acordo com as normas do serviço social e educacional existente.

Segundo estágio — separação(ões)

Nesse estágio os pais podem tentar se separar uma ou mais vezes. Isso é bastante desconcertante para os filhos muito pequenos, pois cada separação pode parecer definitiva. Eles podem regredir no seu desenvolvimento e criar ansiedades relacionadas com a separação.

O contato com o pai/mãe ausente pode ser repleto de problemas. As tensões podem ser aumentadas por muitos motivos: circunstâncias inusitadas, como uma visita ao zoológico, encontros em lanchonetes, e assim por diante; também as interações hostis dos pais na hora da visita, combinadas com o reforço de separação ou perda quando a visita termina.

Nesse estágio, as crianças tentam minimizar as hostilidades entre os pais na esperança de reconciliá-los. Provavelmente, ambos costumam estar zangados e deprimidos e, portanto, talvez não possam oferecer muito apoio emocional para os filhos, o que aumenta claramente a sensação de perda.

A rotina e os papéis em casa podem mudar enquanto ocorrem muitas idas e vindas; assim pode ser difícil para os filhos se adaptar às constantes mudanças. Em nossa experiência, esse período de aparente incerteza tende a ser extremamente estressante para as crianças, e, com freqüência, pode refletir-se num aumento de problemas comportamentais.

O que as crianças mais precisam nesse estágio são informações claras a respeito do futuro. Mas, uma vez que nem os próprios pais têm uma idéia clara a esse respeito, é difícil ajudá-las. Os professores, caso tenham conhecimento do que está acontecendo, podem se esforçar para manter um ambiente de acolhimento e apoio na escola, percebendo que as crianças podem ficar particularmente angustiadas com quaisquer rotinas diferentes ou mudanças de equipe.

Terceiro estágio — transição e providências legais

Nesse estágio, os pais ficam absorvidos nos detalhes práticos e podem, sem querer, negligenciar os filhos, física e emocionalmente.

Muitas crianças pequenas podem regredir para padrões de comportamento anteriores, tornando-se mais dependentes e carentes. Também são comuns distúrbios de sono, agressão e perda do gosto pelas brincadeiras.

As crianças de seis a oito anos de idade experienciam uma forte sensação de perda pelo pai/mãe que vai embora. Podem ficar deprimidas moderadamente por algum tempo. Isso afetará de forma nítida a sua capacidade de aprender e manter amizades na escola.

Além de ficarem deprimidas, as crianças de nove a doze anos costumam sentir raiva e tendem mais a expressar os seus sentimentos de modo mais direto. Podem ser forçadas a confrontar a sexualidade dos pais numa época em que estão apenas começando a experienciar tais sentimentos. Para muitas crianças isso é confuso, ou até mesmo desagradável.

Nesse estágio, há duas coisas de que as crianças mais necessitam. Primeiro, a oportunidade de uma conversa clara e explicações sobre o que está acontecendo com ambos os pais. Segundo, ter certeza de que haverá um contato regular com o pai ausente. Caso isso não vá ocorrer, precisam compreender por que essa decisão foi tomada.

Evidentemente, os professores pouco podem fazer para facilitar tal processo, a não ser que os pais lhes peçam conselhos. Porém, mais uma vez, os professores devem estar conscientes das possíveis reações de transtorno emocional em seus alunos. As escolas e os professores podem ser uma das poucas coisas na vida de uma criança a continuarem constantes durante todo esse período difícil. Apesar de fazer algumas concessões, também é importante ao menos tentar manter os padrões de desempenho e de comportamento.

Algumas crianças consideram a escola como um refúgio afastado dos problemas familiares. Nesse caso, não irão buscar nem aceitar conversas a respeito das dificuldades que enfrentam em casa. Em cada caso, o professor precisa se guiar por aquilo que parece melhor para cada criança ou situação.

Embora os professores possam estar lidando com apenas um dos pais, o ideal é que ambos tenham acesso aos relatórios sobre o progresso da criança e devem ter a oportunidade de discutir com a equipe escolar quaisquer dificuldades surgidas na escola. Quando for difícil para os pais se encontrarem e conversarem sobre os filhos amigavelmente, é preciso combinar encontros separados.

Quarto estágio — divórcio e conseqüências

Diversos fatores entram em ação no período após o divórcio. Os pais geralmente têm menos tempo para os filhos pois, com freqüência, ambos precisam trabalhar para sustentar as duas casas; a mãe talvez tenha de se mudar para uma casa menos confortável e pode perder seu *status* social em conseqüência do divórcio. Há menos dinheiro para gastar e será necessário um período de adaptação financeira. Quando a mudança de casa resulta numa nova vizinhança ou escola, os filhos precisam se adaptar a novos colegas, professores, e assim por diante. Talvez existam novos parceiros ou cônjuges e possivelmente novos meio-irmãos. A perda da família ampliada, especialmente dos parentes do pai/mãe ausente, pode ser particularmente angustiante se eles eram próximos e muito queridos.

Com freqüência, as crianças têm dificuldade para discutir essas mudanças com os colegas e tendem a ser defensivas nas relações pessoais, prevenindo-se contra mais sofrimento. Pode haver uma preocupação com o bem-estar dos pais, ou com a possibilidade de precisarem agir como mensageiros e espiões entre os pais em guerra. Talvez tenham de assumir mais responsabilidades em casa. Ou podem ficar aflitas pelo sentimento de culpa por ainda se preocuparem com o pai/mãe "ruim". Podem sofrer uma crise de identidade se, anteriormente, tiverem-se identificado com o pai/mãe ausente, conforme já descrevemos.

As crianças talvez precisem faltar um ou dois dias à escola para se adaptarem à nova situação familiar. Mas se os pais definirem uma ausência mais prolongada, isso pode provocar um afastamento que se transforma em depressão, com uma crescente incapacidade para enfrentar o mundo. A recuperação da criança inevitavelmente vai envolver períodos nos quais se resolve fazer alguma coisa para tirar da cabeça os problemas imediatos. Portanto, freqüentar regularmente a escola e aceitar a rotina escolar podem ser atos muito terapêuticos.

O primeiro ano

Todo esse período também pode ser muito difícil para a criança. A sensação de solidão, tristeza e a dificuldade de concentração na escola, tudo isso contribui para uma emotividade acentuada, que torna problemáticas a relação com os outros e a lida com os trabalhos escolares.

Os professores precisam atestar a dor que as crianças sentem, sendo prestativos e oferecendo apoio quando o cansaço, as ausências, os atrasos ou a falta de material indicarem um período caótico no lar. Geralmente, as crianças demonstram o seu sofrimento com outras ocupações em aula, não completando tarefas ou sendo briguentas e até mesmo agressivas com os colegas. Os professores podem ajudá-las a recuperar o equilíbrio exigindo os mesmos padrões que o restante da classe, escutando as suas preocupações em vez de ignorá-las demonstrando piedade, e abstendo-se de fazer julgamentos a respeito do que está acontecendo em casa. Também é bom encorajá-las a desenvolver *hobbies* e interesses capazes de desviar a atenção dos problemas.

Problemas de longo prazo

Conforme dissemos, uma em cada cinco crianças provavelmente será afetada pelo divórcio dos pais até os dezesseis anos de idade; mais da metade delas perde contato com o pai/mãe que não mantém a custódia (geralmente o homem) no final do primeiro ano. A decisão de interromper o contato em geral é tomada a partir da crença de que a criança irá "superar" tudo e será melhor para ela. Contudo, segundo as pesquisas, o prognóstico de longo prazo para os filhos de pais divorciados é de que aqueles que nunca vêem o pai/mãe ausente são os que têm maior dificuldade de readaptação na escola e em casa.

Quando da custódia conjunta, dividir o tempo entre duas casas também pode causar problemas. Um novo casamento e a conseqüente criação de novas famílias complicam ainda mais a questão. Cada parceiro no novo casamento traz para a relação as suas próprias expectativas e idéias sobre a vida familiar. Os filhos de cada um deles podem estar em estágios de desenvolvimento muito diferentes; por exemplo, um dos filhos pode ser quase adulto, enquanto a nova família está se preparando para o nascimento de um novo bebê. Da mesma forma, algumas crianças podem ter de dividir as atenções, talvez os brinquedos, as roupas e o quarto com um meio-irmão da mesma idade. As famílias precisam de tempo para criar novos papéis e rotinas nas interações parentais e entre pais e filhos. Durante esse processo, as crianças podem, novamente, experienciar transtornos e tensões.

Um estudo revelou que cinco anos após o divórcio, 37% das crianças entrevistadas ainda apresentavam uma depressão de moderada a intensa. Como diz Brenner, "é importante reconhecer que os anos de tensão que culminam no divórcio, bem como os anos de readaptação seguintes (dois a cinco) podem ocupar uma grande parte, ou mesmo a totalidade, da infância das crianças". (Ver Tabela 1, pp.56-7)

Administração na sala de aula

Atenção às mudanças de comportamento. Uma repentina deterioração no rendimento escolar ou mau comportamento podem ser um primeiro sinal de que existem problemas em casa. Igualmente, a criança que está retraída e encontrando dificuldade para participar das atividades em aula ou brincar no recreio pode estar dando sinais de que está sofrendo.

Se você costuma encontrar um dos pais, ou ambos, como parte de sua rotina, pode mencionar as mudanças observadas e perguntar se eles perceberam mudanças semelhantes em casa; ou se aconteceu alguma coisa ou está acontecendo, algo que está causando sofrimento. Algumas vezes, os pais subestimam o efeito que a perda de um amigo, de um animal de estimação ou mesmo de um membro da sua família extensa pode ter sobre uma criança. Esses mal-entendidos podem ser esclarecidos e o problema enfrentado adequadamente. Do mesmo modo, essas perguntas iniciais podem servir ao professor como um aviso antecipado de que a criança irá enfrentar momentos difíceis, preparando-o para oferecer apoio, se necessário. É compreensível que os pais muitas vezes relutem em discutir problemas conjugais com alguém de fora da família. Se eles insistirem que tudo está bem, não adianta pressioná-los, embora as intuições originais possam estar corretas.

Em nossa sociedade, há fortes convenções, reforçadas pelos meios de comunicação, sobre como as famílias devem funcionar. Quando as crianças percebem que a situação da sua família está fora dessas normas sentem-se isoladas e têm dificuldade de se relacionar com os colegas.

Embora possam exigir muita atenção como resultado da insegurança causada pela desarmonia conjugal, poucas aceitam, de bom grado, perguntas diretas sobre a situação familiar. Geralmente, é melhor estar disponível como um ouvinte tranqüilizador, sempre que necessário. As crianças precisam contar com um leque equilibrado de estratégias de apoio quando estão lidando com situações aflitivas. As atividades são a maneira mais útil de lhes oferecer apoio, pois são as "mais seguras", permitindo que as crianças sintam mais controle do seu nível de envolvimento.

De modo geral, há quatro tipos de atividades de apoio que podem ser incorporadas ao currículo usual.

Atividades que permitem ou facilitam "trabalhar o problema"

Essas atividades incluem histórias, conversas e programas de televisão que abordam as questões relacionadas à separação e divórcio, ajudando toda a classe a compreender as suas atitudes e sentimentos, sem focalizar diretamente a criança com problemas. As conversas podem ajudá-las a perceber que não estão sozinhas e que outras enfrentam problemas semelhantes. Talvez também queiram utilizar diários, redação ou pinturas e desenhos para comentar ou organizar o entendimento do que está acontecendo com elas.

Aquelas que têm dificuldade para se expressar no papel podem utilizar atividades lúdicas ou, quando mais velhas, o teatro para elaborar as situações. Algumas vezes, as crianças se sentem mais seguras falando de suas experiências e sentimentos se puderem projetá-los numa boneca ou marionete. "Teddy está triste hoje, a sua mãe está zangada com ele e ele não sabe por quê." Geralmente, a casa de brinquedo é usada com as crianças menores. As crianças mais velhas também podem beneficiar-se com essas atividades, mas no caso delas as tarefas talvez precisem ser mais elaboradas.

Quando, como professor, você estiver consciente de que a família de uma criança está passando por problemas, talvez valha a pena determinar um membro da equipe com quem a criança se sinta à vontade para conversar. Essa pessoa pode planejar a maneira mais fácil de ser contatada quando necessário, e até mesmo reservar um horário regular (por exemplo, dez minutos na hora do lanche, terça-feira) para verificar se está tudo bem. Isso ajuda a criança a sentir que suas dificuldades são reconhecidas. Pode ser também uma estratégia particularmente útil para aquela que está precisando de muita atenção, pois lhe oferece uma atenção individual, ao mesmo tempo num horário compatível com as outras obrigações do professor. Nas pesquisas as crianças relatam que é proveitoso conversar com pessoas que passaram por experiências semelhantes, bem como com irmãos mais velhos ou adultos informados a respeito daquilo que pode acontecer no futuro.

Distrações ativas

Algumas atividades ajudam a afastar a mente da criança dos problemas imediatos. A rotina geral do trabalho escolar encaixa-se nessa categoria e, dessa maneira, pode ser útil para ajudá-la a manter o seu nível de desempenho onde for possível.

As atividades esportivas e os *hobbies* podem ajudar a criança a desenvolver uma rede social mais ampla que inclui as horas passadas fora da escola. Isso pode ajudar a diminuir a forte pressão das situações familiares sobre as crianças mais velhas. E a energia física gasta durante atividades esportivas permite que o corpo se livre de resíduos acumulados nos tecidos como resultado da reação hormonal às situações estressantes.

Expressão emocional

As atividades que oferecem às crianças a oportunidade de expressão emocional não precisam estar diretamente relacionadas com seus problemas. Portanto, embora algumas crianças talvez queiram expressar os seus sentimentos por meio de trabalhos de arte, redação ou poesia, elas irão se beneficiar igualmente das atividades que permitem a expressão emocional em si. Tocar um instrumento musical, chorar durante um filme triste, rir com uma comédia ou gritar num jogo de futebol: tudo isso estimula a liberação de emoções e sentimentos reprimidos.

Algumas vezes, a emotividade exagerada causa preocupação na escola, especialmente quando é observada em meninos, mas constitui uma reação normal às situações aflitivas e passará com o tempo. O choro ou a agressão devem ser tratados de maneira equilibrada e calma, capaz de tranqüilizar a criança.

Criando confiança e proteção

Como descrevemos anteriormente, muitas das coisas que acontecem durante uma separação conjugal têm um efeito muito prejudicial na auto-estima da criança. Mesmo aquelas que parecem ter passado pelo trauma relativamente ilesas terão ficado, sem dúvida, com a sua confiança severamente abalada. Elas precisam se compreender como indivíduos únicos e que são valorizadas como tal. Geralmente, os transtornos emocionais em casa fazem com que se tornem agressivas e briguentas na escola, socialmente isoladas e impopulares. Isso pode levar a um círculo vicioso de *feedback* negativo, com a criança sentindo-se encurralada e impotente para mudar a situação e, ao mesmo tempo, desesperadamente infeliz por estar se comportando tão mal. Elas precisam receber mensagens claras dos adultos à sua volta que confirmem o seu valor como indivíduos para ajudá-las a atravessar esse período. O seu comportamento pode ser inaceitável, mas como indivíduos elas são queridas e valorizadas.

Existem muitas publicações sobre atividades que podem ser utilizadas para desenvolver a autoconfiança e que beneficiarão todos os alunos e não apenas aqueles que estão passando por dificuldades. Uma fonte de idéias particularmente boa nessa área é o livro *Ways and Means* (Meios e maneiras), do *Kingston Friends Workshop Group*, pois essas atividades inserem-se muito bem no currículo e são adaptáveis a qualquer idade.

Resumo

1. As crianças demonstram o seu sofrimento por meio do comportamento;
2. Verifique com os pais se você observar mudanças preocupantes nas crianças;
3. As crianças que vivenciam situações aflitivas sentem-se muito isoladas;

4. Tente ser um bom ouvinte e reservar um horário para a criança conversar com você;
5. Certifique-se de oferecer uma variedade de atividades de apoio para atender às diversas necessidades.

Escutando e aconselhando crianças

Se as crianças parecem querer conversar a respeito do que está acontecendo, provavelmente a abordagem mais eficiente é adotar a postura do ouvinte solidário. Os pontos a seguir também podem ser relevantes:

a) Tente reconhecer e controlar quaisquer sentimentos e preconceitos que você possa ter com relação à separação conjugal.

b) Geralmente, as crianças e famílias encontram as próprias soluções para as crises e devemos permitir que elas o façam. É tentador dar muitos conselhos, mas isso pode impedir que as pessoas encontrem a sua maneira própria de solucionar os problemas.

c) Tente não criticar nenhum dos pais, mas permita que a criança o faça se o desejar e aceite os sentimentos ou a raiva dela.

d) No seu desejo de ajudar as crianças a se sentirem melhor, tente evitar fazê-las esperar soluções irreais para a situação, como: "eu tenho certeza de que o papai logo estará em casa". Um comentário como "no final as coisas se resolvem" pode ser uma frase boa, reconfortante.

e) Utilize palavras simples para as emoções, por exemplo, triste, bravo, sozinho, confuso, cheio.

f) As crianças pequenas, em particular, podem precisar da confirmação de que a sua família não é a única na qual isso aconteceu, por causa da imagem da família nuclear geralmente retratada pela sociedade e pela mídia.

g) Em geral, é muito útil encorajar a criança a pensar num parente ou amigo da família que poderia ser um amigo especial durante esse período.

h) Se uma criança se recusa a falar, não pressione.

i) Você deve respeitar o sigilo da criança. Contudo, pode sentir que é adequado informar alguns membros importantes da equipe de que as coisas não vão bem. Igualmente, você pode achar o sofrimento da criança perturbador ou emocionalmente desgastante; por isso talvez sinta necessidade de discutir os seus sentimentos ou o que fazer em seguida com um colega em quem confie.

Tabela 1. Reação das crianças à separação conjugal de acordo com a idade.
Algumas reações típicas

Idade	Pensamentos	Sentimentos	Comportamento
Pré-escolar (até 6 anos)	Os processos de pensamento ainda estão num nível muito egocêntrico e concreto. Tendem a medir o amor pela proximidade física. Portanto, pensam que foram elas que fizeram papai ou mamãe ir embora. De forma ilógica, mas sensível, presumem que isso deve ter acontecido por causa de alguma coisa errada com elas. Não compreendem e, portanto, não se lembram das explicações dos adultos.	Incompreensão, culpa por causar o divórcio, medo, confusão, frustração. Medo de perder o pai/mãe que ficou. Preocupadas e com ciúmes de que o pai ausente possa ter encontrado uma criança "melhor" para amar.	Regressão a comportamentos anteriores. Ansiedade provocada pela separação. Distúrbios de sono. Perda do prazer de brincar. Brincadeiras agressivas. Possivelmente a causa para dificuldades e um início lento na escola.
5-8 anos	Ainda egocêntricas, porém mais conscientes do conflito parental. Agora, acreditam que foi o seu comportamento que provocou as brigas entre os pais, levando à separação. Essa lógica as leva a acreditar que podem fazer alguma coisa que proporcione a reconciliação. Acham que a duração e a freqüência das visitas do pai/mãe ausente dependem do seu comportamento durante essas visitas. O seu fracasso fará com que o pai/mãe ausente encontre outra criança para amar.	Assustadas. Desorganizadas. Aflitas. Fantasias de reconciliação. Inibem a agressão contra o pai, mas ficam zangadas com a mãe. Conflitos de lealdade. Preocupam-se com a freqüência com que encontrarão o pai/mãe ausente.	Os meninos desabafam os sentimentos agressivos em objetos em vez de fazê-lo nos colegas. As meninas ficam mais ligadas à mãe. *Mas*, quatro a dez anos após o divórcio, as reações retardadas podem ser: baixa concentração, desempenho insatisfatório, comportamento agressivo e disruptivo, particularmente nos meninos. Os meninos lidam melhor do que as meninas com um novo casamento.

Tabela 1. Reação das crianças à separação conjugal de acordo com a idade
Algumas reações típicas (cont.)

Idade	Pensamentos	Sentimentos	Comportamento
9-12 anos	Começam a desenvolver uma melhor compreensão sobre os pontos de vista de outras pessoas. Agora, já perceberam que os adultos podem mudar e não estar mais apaixonados; mas não entendem por que isso acontece. Acreditam que as coisas poderiam endireitar se os pais realmente se esforçassem. Acham que os pais estão sendo egoístas se não conseguirem. As separações "civilizadas" provocam confusão — se os pais parecem amigos, por que não podem viver juntos? As percepções da criança e dos adultos sobre a situação podem ser muito discrepantes, de modo que os dois lados podem ter muita dificuldade para se comunicar e compreender um ao outro.	Conflitos de lealdade e ambivalência com relação aos pais. Problemas de identidade. Raiva. Sensação de inutilidade. Constrangimento a respeito da sexualidade dos pais. Possível desejo de manter o divórcio em segredo. Medo de ser diferente. Podem sentir-se responsáveis pelo bem-estar dos pais e irmãos menores.	Podem comportar-se excessivamente bem, acreditando que isso irá reconciliar os pais. Podem criar crises para desviar as hostilidades parentais ou para forçar os pais a conversarem um com o outro. Podem ser arrastados para a guerra conjugal. Menos atenção às tarefas escolares. Doenças psicossomáticas. Posterior delinqüência na adolescência. Para as meninas aumento de comportamento anti-social na adolescência, atividade sexual precoce, busca de atenção masculina. Depressão.
Adolescentes	Preocupam-se com os motivos dos pais. São ansiosos acerca da própria capacidade para manter um casamento duradouro.	Afastamento dos pais. Pesar pelo casamento. Depressão. Raiva. Lealdades conflitantes. Ressentimento por qualquer perda financeira e conseqüente mudança de estilo de vida. Constrangidas ou ameaçadas por terem de reconhecer os pais como seres sexuais. Podem se sentir responsáveis pelo bem-estar dos pais e irmãos menores — ou ter ressentimento por esperar-se que assumam mais responsabilidades na família. As lembranças perturbadoras de violência ou hostilidade parental, muitas vezes, perseguem os adolescentes.	Regressão ou pseudomaturidade. Acessos de raiva. Retraimento. Comportamento deprimido. Maior propensão do que o grupo mais jovem para demonstrar sentimentos de hostilidade e ressentimento. O movimento em direção à independência pode ser interrompido ou acelerado.

j) Finalmente, embora às vezes as coisas possam parecer muito complicadas e estressantes, é importante lembrar que mesmo as situações mais difíceis geralmente mudam, se transformam e, finalmente, se resolvem.

Apoio prático

Há uma série de atividades práticas que podem ser úteis. A criança nova na escola, em decorrência da mudança de casa associada à separação conjugal, precisará de uma ajuda extra para se adaptar, familiarizar-se com a escola e sentir-se bem-vinda. É recomendável providenciar que um membro da equipe assuma a responsabilidade de cuidar do bem-estar da criança nos primeiros dias. As crianças, cuja vida familiar parece caótica enquanto os adultos se concentram em redefinir suas vidas, podem precisar de apoio e compreensão adicionais no que se refere à chegada à escola no horário, ao material necessário, e assim por diante. Em casa, podem ter dificuldade para se concentrar nas tarefas escolares e talvez elas queiram uma sala tranqüila para fazer a lição de casa durante a hora do jantar. Se perderem alguma aula, precisarão de ajuda para recuperar as lições perdidas. Lembre-se de que o dinheiro para coisas como o uniforme e a condução para a escola pode estar escasso. Seja sensível às crianças cujos padrões de sono foram perturbados porque estão preocupadas ou que tiveram a sua rotina doméstica alterada.

Ajudando as crianças a lidar com a raiva e o desespero

As crianças podem demonstrar a sua raiva e desespero com a separação conjugal sendo agressivas na escola. É óbvio que os professores terão de lidar com isso, em especial quando a segurança de outras pessoas estiver em risco. Da mesma forma, a maioria das crianças não gosta de se comportar mal, com a conseqüente desaprovação e constrangimento pelas próprias ações. Assim, a partir desse ponto de vista, também é razoável ajudá-las a controlar o seu comportamento. Qualquer que seja o método utilizado, o fator-chave é lembrar que criticar a criança como pessoa irá exacerbar o seu sofrimento emocional subjacente. Portanto, deve-se evitar a abordagem exclusivamente punitiva de dizer à criança que ela é malcomportada, ruim, mal-educada etc. A essência da sua mensagem deve ser a de que você gosta dela, mas não do seu comportamento. Como geralmente acontece quando enfrentamos qualquer comportamento difícil, podemos reduzir as dificuldades adotando uma atitude calma, tranqüila, controlada e não-emotiva. A desaprovação expressa do mau comportamento também deve estar associada a conversas sobre as maneiras de ajudar a criança a se comportar melhor no futuro.

Alguns alunos são capazes de concordar com sua exclusão de uma determinada situação e sua transferência para um local previamente combinado, ou de dizer a um determinado adulto se estão num estado de espírito que pode resultar num ato agressivo. Em outros casos, os professores podem perceber o surgimento de problemas e sugerir tranqüilamente à criança que ela talvez deva ir para um lugar tranqüilo e se acalmar.

Uma outra estratégia útil pode ser a de fazer a criança contar até dez. Quando ela estiver calma e relaxada, deve ser encorajada a contar lentamente até dez, associando cada número a uma cor, imagem ou odor agradável. As crianças precisarão ensaiar várias vezes para se familiarizarem com as associações. Em geral, ao terminarem a seqüência, estarão novamente calmas. Uma outra alternativa é alguma rima infantil ou melodia fácil com poucos versos: o efeito será o mesmo.

Conforme já descrevemos, vale a pena também explorar as técnicas de distração ou orientação como meios para diminuir o comportamento agressivo. Contudo, os professores devem tomar cuidado para não realizar longas sessões de orientação imediatamente após a ocorrência de maus comportamentos, pois algumas crianças aprendem rapidamente que o mau comportamento é uma boa maneira de obter a atenção solidária, total dos professores.

Encaminhamento para outras instâncias

Outras instâncias que poderiam se envolver para ajudar crianças e famílias a lidar com a separação conjugal incluem os serviços de orientação e os serviços psicológicos das escolas, além do órgão de serviço social. O encaminhamento a outra instância pode ser aconselhável se uma criança exibir um sofrimento extremo e prolongado por meio de uma reação depressiva, retraída, ou uma reação comportamental agressiva, hostil. As fantasias persistentes a respeito do pai/mãe ausente ou da re-união parental também sugerem que a ajuda especializada seria útil. Os serviços oferecidos por essas instâncias podem variar até certo ponto, de região para região, e é bom conhecer o seu endereço, o que elas oferecem e os seus procedimentos de encaminhamento. É preciso discutir com os pais da criança o encaminhamento a instâncias externas, a não ser nos casos de suspeita de abuso, quando devem ser seguidos os

61

procedimentos estabelecidos pelos órgãos de serviço social, juntamente com as autoridades educacionais locais.

Bibliografia

ARNOLD, L. E. (1990) *Childhood Stress.* John Wiley & Sons.

BOWERS, S.; WELLS, L. (1987) "Ways and means: an approach to problem solving". *The Handbook of Kingston Friends Workshop Group.* Lexington Books.

BRENNER, A. (1984) *Helping children cope with stress.* Lexington Books.

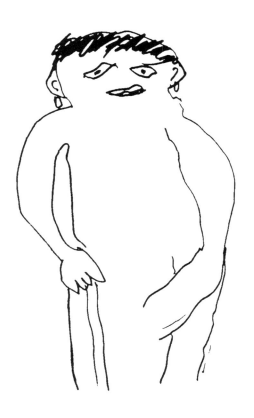

Depressão na infância e adolescência

Martyn Gay*
Annick Vogels**

Introdução

Nos últimos quarenta anos a literatura tem dedicado, justificadamente, uma crescente atenção à infância (Bowlby, 1960; Seagull, 1990; Kazdin, 1989). Houve muita confusão nessa área, com as mais diversas opiniões: desde a afirmação de que crianças não sofrem depressão significativa (Angold, 1988) até a de que a depressão ocorre como doença específica na infância e adolescência, semelhante à dos adultos. Atualmente há um consenso de que, apesar de ser diferente da depressão dos adultos, é uma doença importante na infância e pode, em muitos casos, ser a causa significativa e subjacente de várias dificuldades sociais e relacionadas à saúde.

A depressão pode existir por si só ou estar relacionada de forma bastante expressiva com dificuldades comportamentais associadas à gravidez na adolescência, abuso de substâncias químicas, distúrbios alimentares, suicídio, acidentes graves, crimes violentos e distúrbios psicossomáticos.

A depressão como síndrome clínica pode ser diagnosticada em crianças, adolescentes e adultos, mas isso não significa que as manifestações desse distúrbio sejam idênticas em cada fase da vida. A infância é um período de aprendizagem, desenvolvimento e crescimento, bem como de descoberta das oportunidades e desafios da vida. Cada estágio de desenvolvimento tem um padrão de funcionamento saudável asso-

---

* Psiquiatra, consultor para questões relativas a crianças e adolescentes no NHS em United Bristol.

** Assistente clínica em psiquiatria infantil e adolescente no NHS em Bristol.

ciado a características normais. A manifestação da depressão na infância e na adolescência difere de acordo com a idade e o nível de desenvolvimento da criança (Kazdin, 1989).

Além dos sintomas óbvios de tristeza e sensação de infelicidade, pode-se manifestar toda uma ampla gama de outros sintomas. Tais sentimentos podem estar associados a outros tipos de distúrbios, como anorexia nervosa, distúrbio de conduta, falta de atenção, hiperatividade, fobia pela escola, doenças somáticas, as fases iniciais e importantes da psicose na adolescência e distúrbios obsessivos e compulsivos.

O termo depressão pode ser classificado como sintoma ou doença (Kazdin, 1989), ou, no caso da infância e adolescência, como uma síndrome de sintomas combinados. Na sua forma mais simples, a tristeza, como manifestação na depressão, é parte de um conjunto maior de problemas que inclui a perda do interesse em atividades, sensação de inutilidade e impotência, distúrbios de sono, mudanças no apetite, problemas comportamentais e queixas psicossomáticas.

A depressão em bebês e crianças pequenas

A negligência física ou emocional associada a um sentimento de perda emocional ou separação de uma pessoa amada, sem cuidados substitutos adequados, é uma causa freqüente de depressão em bebês e crianças pequenas (Bowlby, 1960; Seagull, 1990).

Os sintomas mais característicos da depressão nessa faixa etária estão associados a distúrbios alimentares, incapacidade de ganhar peso, significativo atraso no desenvolvimento, perda das aquisições associada a sintomas de regressão, bem como tendência a doenças persistentes. Um importante indício precoce de depressão é a acentuada reação comportamental relacionada com uma ansiedade anormal de separação; e também uma dependência excessiva de pais ou adultos, particularmente à noite, associada a pesadelos ou terror noturno. Algumas vezes, a manifestação inicial compreende queixas somáticas sem nenhuma explicação orgânica.

Nessas condições, algumas crianças aparentam ser obedientes, dependentes e queixosas, mas são muito agarradas e manhosas. Há uma acentuada diminuição na interação com os irmãos e outros adultos, indicando de forma significativa a inerente falta de segurança, ansiedade e depressão.

A depressão em crianças de seis a doze anos de idade

A depressão em crianças dessa faixa etária é muito mal compreendida e pouco reconhecida por pais e profissionais. No entanto, as estimativas indicam que, nos Estados Unidos, 10% das crianças sofrem de alguma forma de depressão antes dos doze anos de idade (Dolgan, 1990).

Esse equívoco deve-se em parte à falta de capacidade dessas crianças para expressar verbalmente os sentimentos que lhes são importantes. Elas encontram dificuldade em dizer exatamente quais são os seus sentimentos, e é muito raro nos procurarem dizendo "estou me sentindo deprimida" ou "estou me sentindo impotente e desesperada".

Apesar de não terem habilidade para expressar os sentimentos, a aparência depressiva é condição *sine qua non* do diagnóstico clínico da depressão. As crianças com depressão moderada ou grave mostram-se claramente infelizes e tristes, e revelam apatia emocional. Os sorrisos são breves, e rapidamente substituídos por um olhar desinteressado. A distinção entre uma criança infeliz e uma criança "deprimida" pode ser feita, em parte, pela duração do seu estado de abatimento, que, no caso da criança infeliz, é muito mais breve. É preciso buscar informações sobre a duração das mudanças de humor em diversas fontes, incluindo os professores, os pais e a própria criança. Essas crianças descrevem a si mesmas em termos negativos, tais como "burras" ou solitárias, ou admitem que são chamadas por apelidos pejorativos pelos amigos. Estes são sinais de baixa auto-estima. Como geralmente são sensíveis em relação à sua auto-estima, podem tentar ocultar as emoções decorrentes. As crianças deprimidas acumulam rejeições percebidas ou reais de maneira desproporcional, diminuindo ainda mais a sua auto-estima. O sentimento de não serem amadas e de estarem sendo usadas pelos outros geralmente está associado a uma sensação de impotência, desespero e falta de confiança. Elas acham que nada dá certo — tudo o que tentam fazer parece ser ruim e o "ruim" sempre vence o "bom", e isso parece não mudar nunca. Não têm muita esperança de se sentirem melhor, nem enxergam uma solução para a sua situação infeliz.

O prazer é parte integral da vida de uma criança e um componente necessário para a aprendizagem, o crescimento e o divertimento. As crianças deprimidas geralmente são incapazes de descrever o que fazem para se divertir. As atividades prazerosas são acompanhadas sem nenhum sentimento de expectativa ou prazer. Elas são apáticas e indiferentes e não se interessam pelas atividades que agradam as crianças da sua idade, como praticar esportes, ter *hobbies* e relacionar-se com outras crianças. Elas resistem às oportunidades de brincar ou se relacionar com outras crianças, afirmando que têm amigos, mas que eles não gostam delas. Nas brincadeiras, dizem repetidamente que estão sendo rejeitadas pelos outros. As crianças com depressão branda podem desejar ter relacionamentos sociais e recorrem a gatos ou cães como amigos substitutos. As crianças deprimidas mais gravemente não procuram mais ter amigos. Essas mudanças são observadas de forma ainda mais marcante se tinham vida social saudável antes da depressão.

As queixas de fadiga são comuns em crianças deprimidas. De acordo com os seus relatos, elas afirmam tirar sonecas por vontade própria ou se sentem "cansadas" e não querem participar de nenhuma atividade. Essa sensação de exaustão não é resultado de esforços físicos, ocorrendo antes ou na ausência de qualquer atividade. Depois de diagnosticada a fadiga crônica, é necessário determinar o momento em que ela surge e qual a sua duração. Por exemplo, ocorre na mesma hora, todos os dias quando o ônibus escolar está chegando? Está presente há um mês ou há seis meses? Além de se sentirem cansadas, as crianças deprimidas costumam sentar-se em postura curvada, olhando para o chão e, em geral, são consideradas hipoativas. Sua fala pode ser consideravelmente monótona, vagarosa e sem expressão, e elas respondem às perguntas com monossílabos.

Apesar de se sentirem cansadas, muitas crianças deprimidas têm dificuldade para dormir. Geralmente, estão mais conscientes do distúrbio do sono do que os pais, descrevendo os problemas de sono com convincente precisão. Basta perguntar: "você tem problemas para dormir?" e imediatamente elas falam sobre a dificuldade em adormecer, contam que acordam durante a noite, levantam muito cedo e têm pesadelos e terrores noturnos.

Os pais desaprovam as crianças que não se alimentam bem, portanto não nos surpreende o fato de elas geralmente não falarem sobre a perda de apetite. Contudo, os pais relatam um desinteresse pela comida e uma perda de peso gradativa no filho deprimido.

Como reação ao sistema depressivo subjacente e além dos sentimentos descritos, as crianças desenvolvem mecanismos de enfrentamento diferentes: o de "fuga ou evasão", ou o de "luta ou agressão" (Sanders-Woudstra, 1986) (Pamela Keneally, 1988). No cenário da fuga ou evasão: freqüência escolar deficiente com problemas psicossomáticos recorrentes, fugas de casa ou o perambular sem destino pela vizinhança; todos esses comportamentos podem estar associados a uma evidente retração social e falta de contato com colegas, bem como fuga dos problemas. A difícil conduta de ficar agarrado aos adultos, que provoca a irritação dos pais, pode indicar um afastamento dos colegas e das atividades sociais naturais. Com freqüência pode estar ligada a um prazer exagerado com doces, balançar rítmico ou mesmo masturbação excessiva.

A complexa interação entre os sintomas psicossomáticos e os sentimentos depressivos muitas vezes leva a dificuldades educacionais, resultando num desempenho escolar empobrecido. Os sintomas interligados de pouca concentração, letargia, fadiga, falta de energia, falta de motivação, certamente serão detectados na avaliação escolar e podem ser indicadores de sentimentos depressivos subjacentes que afetam o desempenho escolar de uma criança. A freqüência às aulas pode tornar-se um problema, mas a ausência em si, como indicador de depressão, pode ser mascarada por problemas atribuídos a doenças físicas. As queixas somáticas, como dor de barriga, dores de cabeça ou no peito, sem quaisquer causas orgânicas óbvias, podem ser um indício de que a criança está somatizando seus problemas. Se isso não for compreendido e percebido pelos pais e profissionais, muitas vezes provocará faltas escolares excessivas.

No cenário da luta, os sintomas de hiperatividade, agitação, comportamento provocativo e agressivo atraem uma atenção considerável para a criança. Ela se sente indefesa e desesperada e, basicamente, sente que não importa o que faça. Pequenos furtos podem levar a episódios importantes de comportamento delinqüente, podendo incluir incêndios criminosos e atos bastante preocupantes de agressão física. A criança deprimida está, nessa situação, tentando efetivamente sufocar o seu humor depressivo, seus sentimentos e a ansiedade associada a eles, desviando a atenção de si mesma com um comportamento agressivo e hiperativo.

A tendência é haver uma diferença na manifestação entre meninos e meninas. Os meninos tendem a apresentar a "reação de luta" enquanto as meninas tendem a escolher a "reação de fuga". Mas é claro que a manifestação global será determinada basicamente pela personalidade subjacente da criança, suas reações ao grupo de colegas e os relacionamentos com professores, pais e membros importantes da família.

Todos os sinais descritos devem ser considerados em conjunto como indicadores dos sentimentos subjacentes da criança deprimida, particularmente quando há uma mudança visível no estado de espírito, comportamento ou funções. Muitas vezes, a mudança pode ser particularmente dramática após eventos importantes, como a separação parental ou a morte de uma pessoa amada. A observação atenta da mudança nos permite perceber a variação no padrão anterior de comportamento da criança e compará-la com o seu funcionamento atual.

Nenhum indicador isolado constitui um diagnóstico de depressão numa criança, mas, quando diversos sintomas estão reunidos, associados a importantes eventos externos que afetam a sua vida, então eles devem ser levados a sério.

Depressão na puberdade

Muitas crianças que ingressam nesse estágio de desenvolvimento são capazes de demonstrar um estado de espírito depressivo e de falar dos seus sentimentos de depressão ou ansiedade ou ideação suicida. Contudo, os sentimentos depressivos podem estar mascarados pelo comportamento de "luta" ou "fuga" descrito no grupo da pré-puberdade.

Depressão na adolescência

A avaliação da depressão na adolescência torna-se mais fácil em decorrência da habilidade do adolescente para articular os seus sentimentos e da crescente clareza da demonstração do seu estado de espírito. Isso pode proporcionar um relato preciso sobre como ele está se sentindo. Ele é bem capaz de dizer: "Estou me sentindo deprimido". As avaliações do grupo de colegas sobre a atuação do adolescente também são um indicador importante. Com freqüência, falam dos amigos que estão tristes ou deprimidos, podem estar preocupados com eles. É possível fazer-lhes perguntas diretas e importantes sobre os colegas: "Eles costumam sorrir?", "Eles parecem tristes ou infelizes?"

É importante reconhecer que os sentimentos de tristeza e de negatividade são perfeitamente normais no desenvolvimento do adolescente (Sanders-Woudstra). Contudo, quando esses sentimentos estão associados a fortes elementos de culpa, inutilidade, autodepreciação e desespero, é muito provável a existência de sentimentos depressivos subjacentes. Vários adolescentes muitas vezes sentem-se impotentes e incapazes de controlar ou mudar a sua vida, mas a sensação de apatia total, de perda de interesse pela vida e incapacidade para obter qualquer tipo de prazer na atividade de se auto-organizar é um indício de depressão subjacente.

Podemos perceber fatores fisiológicos, como mudanças de apetite e no padrão de sono, fazendo o jovem acordar muitas vezes durante a noite, com dificuldade para adormecer ou sonolência, bem como falta de concentração e atenção durante o dia. Muitas vezes, observamos um retardamento físico geral, acompanhado de elementos de inquietação e uma elevada sensação de irritabilidade. Precisamos ser particularmente cautelosos com esses adolescentes, uma vez que o suicídio é muito comum naqueles que estão demonstrando sinais de inquietação e agitação.

Para que o adolescente possa desenvolver sua identidade e lidar com a difícil transição da adolescência para a vida adulta, é de vital importância que ele pertença a um grupo de amigos. Esse grupo se torna uma "casa" razoavelmente segura entre a família e o mundo adulto. O adolescente em transição é tão vulnerável quanto a lagosta ao abandonar a sua carapaça! (Dolto, 1988).

Alguém que, aparentemente, parece ser um aluno exemplar para os adultos, pode estar excluído do grupo de amigos, tornando-se, na verdade, um solitário que precisa lidar com um forte sentimento de perda e fracasso. Nessas circunstâncias, esses adolescentes são particularmente vulneráveis e correm o alto risco de sofrer uma depressão capaz de levá-los à tentativa de suicídio (Gay, Armsden *et al.*, 1990).

Algumas vezes, a rebeldia dos adolescentes leva a um comportamento bastante impulsivo, colocando suas vidas em perigo. A adolescência é uma época de mudanças de humor, com fortes reações emocionais aos eventos imediatos. O término de uma relação com um(a) namorado/namorada ou uma importante desavença familiar podem ser interpretados como rejeição total, deixando-os com um sentimento de perda muito grande que pode levar à depressão e ao risco conjugado de tentativa de suicídio.

O comportamento de ousadia e risco dos adolescentes pode ser agravado por sentimentos subjacentes de depressão e desespero, a ponto de fazê-los pensar que podem correr riscos já que não têm "nada a perder". O comportamento delinqüente, a agressão, o abuso de drogas, a promiscuidade sexual, são todas elas atividades que ameaçam a sua vida. No adolescente, essas atividades podem ser consideradas como um pedido de atenção ou um comportamento para resolver problemas ou até mesmo se transformar em preocupações mórbidas. Se, interiormente, o adolescente continuar se sentindo desesperado e impotente, corre-se um risco muito grande de que ele não tome as precauções naturais e necessárias para evitar esse tipo mais óbvio de comportamento de atuação, o qual irá prejudicá-lo de maneira bastante significativa.

Saber quando intervir no processo de avaliação e de diagnóstico da depressão em adolescentes é um processo muito complexo, pois a depressão em si mesma não é sinônimo de tristeza, a qual é uma manifestação perfeitamente normal na adolescência. A instabilidade emocional, as oscilações de humor e os elementos de solidão, tédio e desânimo devem ser esperados e, certamente, são palavras utilizadas com muita freqüência pelos adolescentes para descrever os seus sentimentos; num dado momento, estão animados e de bom humor, no momento seguinte, estão deprimidos e sentem-se totalmente isolados e afastados dos amigos. Somente quando esses padrões de comportamento começam a persistir é que podemos determinar especificamente o elemento subjacente da depressão. Um período prolongado de falta de interesse, pouca concentração, baixa atividade física e emocional e níveis elevados de frustração devem fazer com que pais e professores observem cuidadosamente o adolescente, pois isso pode ser um indicador do início de uma depressão ou de um episódio psicótico mais grave, o qual pode ser precedido por um período de depressão. Portanto, a avaliação da duração e da abrangência dos sintomas requer um exame muito cuidadoso. Antes de fazer um diagnóstico claro, é fundamental empregar todos os possíveis recursos à disposição da família, da escola e da comunidade para compor a melhor descrição possível do padrão de funcionamento do adolescente durante um período de tempo.

Tentativa de suicídio

De acordo com Kelly (1991), o suicídio ou a tentativa de suicídio muitas vezes começa com um sinal de alarme dado pelo adolescente, indicando os seus sentimentos subjacentes de desespero e tristeza; pode ser visto também como um pedido de ajuda após o fracasso de muitas outras tentativas de comunicação. Muitos adolescentes sentem-se incompreendidos e acham que seus pedidos de ajuda não são ouvidos.

A maioria das tentativas de suicídio na adolescência são atos impulsivos e não-planejados. A disponibilidade de meios para cometer suicídio, como drogas, por exemplo, associada a um estado depressivo muitas vezes pode provocar o desejo impulsivo de morrer ou de se vingar de alguém, e as conseqüências podem ser fatais.

Atualmente, há uma crescente tomada de consciência acerca do padrão depressivo subjacente à tentativa de suicídio e ao comportamento autodestrutivo na adolescência. O suicídio é a terceira causa de morte mais freqüente na faixa etária dos adolescentes nos Estados Unidos, sendo precedida pelos acidentes e homicídios. Os rapazes têm uma probabilidade maior de efetivar o suicídio, ao passo que as moças apresentam maior tendência a tentativas de suicídio. O suicídio em si nem sempre ocorre durante um distúrbio depressivo, mas pode ocorrer durante outros distúrbios psiquiátricos e como reação impulsiva.

Uma manifestação bastante distinta da depressão na adolescência pode ocorrer nos distúrbios depressivos bipolares ou unipolares com forte antecedente familiar. A depressão na adolescência pode ser a primeira manifestação de um distúrbio bipolar. Nessas circunstâncias, o período de depressão geralmente é seguido por períodos de hipomania ou mania, com os sintomas maníacos manifestando-se na hiperatividade, insônia, inquietação, irritabilidade, tagarelice, e associados a delírios grandiosos de inteligência, poder ou atratividade e hipersexualidade. Delírios de perseguição e idéias mirabolantes também são encontrados nessa faixa etária. É comum haver um forte histórico familiar de distúrbio afetivo e, apesar de os episódios isolados de depressão reagirem à medicação, pode haver uma recorrência do distúrbio depressivo ou da manifestação bipolar com episódios maníacos.

Fatores de risco associados ao desenvolvimento da depressão

Vulnerabilidade

Algumas crianças são mais vulneráveis do que outras, e a importância das diferenças individuais deve ser enfatizada. A manifestação de sintomas depressivos geralmente surge da combinação de fatores estressantes que estão afetando um jovem já vulnerável. Se os elementos estressantes forem maiores do que a capacidade deste de tolerância ao estresse, em decorrência de fatores importantes como idade, experiência anterior, transtornos familiares, falta de apoio social, então os sentimentos depressivos podem se desenvolver e se tornar abrangentes.

Em alguns jovens, fatores muito menos significativos, como a doença física de um irmão, uma expectativa nervosa de mudança, a perda de uma amizade ou o fracasso na obtenção de um objetivo esperado, podem precipitar os transtornos agudos.

A perda de uma pessoa amada

A capacidade de um jovem para suportar a ameaça de uma separação ou a perda de um adulto importante é influenciada por muitos fatores, incluindo a qualidade da sua relação com esse adulto. Casos de separação repentina, a possibilidade ou não de se preparar para essa separação, a presença ou ausência de sistemas de apoio, são todos fatores significativos. A morte de um dos pais é uma das principais causas da depressão infantil e devemos esperar uma reação depressiva em situações de morte repentina. As situações conjugais nas quais a criança passa a viver com apenas um dos pais geralmente são consideradas como perda, em particular se surgirem problemas de contato ou acesso resultantes do conflito constante entre os pais.

Quando um dos pais está deprimido ou tem problemas de alcoolismo, é comum que ele não esteja emocionalmente disponível para o filho. Há uma perda nítida de "envolvimento com a criança", que pode ser considerada como uma perda parental. Muitas vezes, há considerável tensão e conflito na família, bem como desorganização e perda de estrutura, fazendo com que os pais não cuidem dos filhos de forma adequada. Freqüentemente, pais depressivos têm expectativas pouco realistas com relação aos filhos, forçando-os a assumir responsabilidades pelo seu próprio bem-estar físico e psicológico, e chegam até mesmo a estimular o sentimento de que eles, os pais, devem poder contar com o cuidado, a atenção e o apoio emocional dos filhos.

Hospitalizações freqüentes decorrentes de depressão ou alcoolismo, associadas às conseqüentes mudanças das pessoas responsáveis provocam interrupções forçadas na vida das crianças, podendo fazer com que se sintam vulneráveis.

Para uma criança, viver com pais depressivos pode constituir um modelo inadequado de "reação à situação de tensão". Há um risco considerável de que ela possa reagir de maneira semelhante.

Doenças graves, doenças crônicas e hospitalizações freqüentes

Quando ocorre uma doença no sistema familiar, particularmente se for de natureza crônica, muitos membros da família são aprisionados na aura de tratamento e cuidados médicos que cerca a doença. Quando isso acontece, crianças saudáveis podem, com muita facilidade, sentir-se totalmente esquecidas, tendo de lidar constantemente com a ameaça da morte de uma pessoa amada numa época em que os seus sentimentos estão sendo efetivamente ignorados. Algumas vezes, crianças saudáveis podem identificar-se de modo excessivo com o irmão, irmã ou pai doente, apresentando uma reação de raiva, pois lhes é difícil compreender por que aquela pessoa está doente; ou podem ter uma reação depressiva, conseqüência da sensação de desespero e perda iminente. As crianças podem envolver-se no sentimento de culpa da família com relação à pessoa doente. Podem culpar-se por serem a causa da doença ou por não estarem elas mesmas doentes — "por que ele e não eu?".

Em doenças familiares como a diabete ou a doença fibrocística, elas podem ficar muito ansiosas, com medo de serem afetadas.

74

Negligência e abuso físico e sexual infantil

Com freqüência, o abuso e a negligência fazem a criança se sentir totalmente impotente, desesperada e imprestável. De maneira complexa, a própria depressão está entrelaçada aos maus-tratos. No abuso físico, geralmente, há o reflexo de um sentimento de não ser desejada ou amada, o qual reforça o sentimento de baixa auto-estima e rejeição. Quando o abuso está associado à depressão ou ao alcoolismo parental, ele acrescenta um fardo adicional para a criança vulnerável (Allan, 1989; Eliott, 1990).

Procurando um bode expiatório

A vulnerabilidade pode originar-se no processo de busca de um bode expiatório dentro da família ou do grupo social. Sentimentos intensos de depressão e desespero podem ser experienciados por crianças que são maltratadas, provocadas e criticadas. Esses sentimentos enfatizam ainda mais a idéia de que elas são realmente impotentes, imprestáveis e indesejáveis. Com muita freqüência, as tentativas de suicídio parecem ser o produto final de um longo padrão de provocações, implicâncias e abuso, que passou despercebido, sendo considerado intolerável pela criança.

Fatores genéticos associados à depressão

Recentemente, tem aumentado o interesse pela genética dos distúrbios afetivos na infância e adolescência. Muitas pesquisas têm sido realizadas no campo da genética com relação à depressão nos adultos, mas precisamos ter muito cuidado para não extrapolar à infância ou à adolescência as descobertas feitas em adultos. Sob muitos aspectos, a manifestação e a causa da depressão infantil são muito diferentes daquelas da depressão em adultos.

As pessoas que desenvolveram graves distúrbios afetivos bi e unipolares precocemente (antes dos vinte anos de idade) manifestam maior probabilidade de ter um forte componente genético para esses distúrbios.

Os pais que apresentaram distúrbios afetivos precocemente tendem mais a ter filhos com depressão séria antes dos quinze anos de idade.

Alguns estudos observam que as crianças podem apresentar pequenos sintomas de depressão anos antes que os distúrbios bipolares surjam após a puberdade. A carga familiar para distúrbios afetivos sérios em parentes de primeiro grau parece ser significativamente mais elevada quando o distúrbio bipolar num dos pais é precedido por sintomas antes dos doze anos de idade (os sintomas iniciais podem incluir hiperatividade, distúrbio de conduta, distúrbio psicossomático).

É preciso muito cuidado ao se tentar tirar conclusões a partir dos padrões familiares, pois eles podem indicar que influências genéticas ou ambientais, ou ambas, estão afetando a manifestação dos sintomas no jovem.

O que fazer

Prevenção

A maioria das crianças ou adolescentes passa grande parte da vida na escola, portanto o ambiente escolar cria um contexto único para exercer uma forte influência preventiva sobre o jovem. A disponibilidade emocional e física de professores, como adultos sensíveis e atentos, é de vital importância quando as crianças estão em risco. Aquelas que se tornaram vulneráveis em decorrência da perda parental, doença somática ou perigo iminente, podem obter segurança por intermédio de um professor, que também pode adotar uma atitude vigilante com relação a elas, fortalecendo dessa maneira os fatores importantes de proteção contra a depressão.

É importantíssima uma vinculação segura da criança com pais e colegas, seja por meio de vínculos informais ou formais com os próprios pais e outros adultos. Os professores podem construir uma relação com a criança e se aperceberem das suas vulnerabilidades, avaliando se ela está ou não consciente das próprias dificuldades, verificando como passa o tempo, se é capaz de cuidar bem de si mesma e se sabe utilizar o grupo de colegas como apoio.

A parceria de professores e pais trabalhando em conjunto para ajudar a criança é uma poderosa ferramenta de prevenção; os parceiros podem trabalhar sabendo que contam com o apoio de profissionais educacionais habilidosos, agentes especializados em ensino, assistentes sociais, psicólogos educacionais; e também a oportunidade de encaminhar a criança para equipes psiquiátricas e terapia familiar quando necessário.

A mobilização do grupo de colegas em períodos de transtorno emocional pode ser uma poderosa influência protetora para a criança. Se os colegas souberem que ela sofreu uma perda ou separação recente, poderão ser mobilizados para oferecer um importante apoio grupal. Dessa maneira, poderão reduzir a reação depressiva, modificando a sensação de perda que a criança sente ao enfrentar a perda iminente de um pai/mãe por causa de doença prolongada ou longo conflito conjugal.

É surpreendente como algumas crianças conseguem escapar das influências negativas de terem sido criadas por pais depressivos ou alcoolistas. Essa proteção parece resultar da influência de outros adultos saudáveis que desempenham um papel importante em sua educação. Esse adulto pode ser um dos pais, um dos avós, um vizinho ou um professor.

Em todas as situações é importante que pais e professores sintam que dispõem da oportunidade de manter um relacionamento constante com profissionais da saúde. Eles podem ser consultados informalmente como forma de prevenção à medida que surgirem problemas, ajudando-os a tomar as decisões adequadas sobre quando buscar outros conselhos profissionais.

Encaminhamento
Quando uma criança deve ser encaminhada a um profissional da saúde mental?

a) É fato notório que os pais não costumam ser capazes de compreender os sentimentos depressivos dos filhos. Pais e filhos nem sempre estão de acordo no que se refere a sentimentos depressivos, e os pais tendem a subestimar a depressão dos filhos. Raramente, os pais relatam a presença de sentimentos depressivos numa criança se ela não lhes tiver dito diretamente. Quando um pai está se queixando dos sentimentos depressivos do filho, devemos sempre levá-lo a sério. É sabido que as crianças relatam com maior precisão os sintomas relacionados às próprias experiências internas. Os pais, por sua vez, são capazes de dar informações mais precisas sobre o comportamento apresentado. Assim, é importante confiar não apenas no relato dos pais, mas também na exposição direta da criança.

b) O baixo desempenho e as faltas escolares devem ser logo percebidos. Caso isso esteja tendo um impacto importante no funcionamento da criança, torna-se essencial o encaminhamento para orientação e apoio emocional.

c) Os pensamentos suicidas e as tentativas de suicídio sempre devem ser levados a sério. Toda criança que fala em suicídio ou tenta se suicidar deve ser encaminhada. Se uma criança tentou o suicídio à noite, a internação para avaliação torna-se uma importante medida preventiva a ser considerada.

d) Não é comum encontrarmos crianças com menos de doze anos de idade com uma sintomatologia nitidamente depressiva.

Contudo, elas sempre devem ser encaminhadas para avaliação e orientação.

e) Quando houver um forte histórico familiar de distúrbio depressivo ou distúrbio afetivo bipolar, a criança ou adolescente e sua família devem ser encaminhados para avaliação.

Terapias — por profissionais da saúde mental

Inicialmente, a *terapia individual* apoiará a criança em suas dificuldades e, mais tarde, será preciso lidar com os mecanismos e causas subjacentes da depressão: psicoterapia, ludoterapia, psicodrama e treinamento das habilidades sociais são todos muito importantes. O objetivo do treinamento é melhorar a ligação com o grupo de colegas, o que é um importante fator protetor contra a recorrência da depressão, podendo ser utilizado juntamente com o relaxamento.

A *medicação antidepressiva* pode ser útil, mas não é o principal foco do tratamento. Os antidepressivos só devem ser administrados quando combinados com a psicoterapia. Os psiquiatras infantis são muito cuidadosos no que se refere à administração de medicamentos a crianças, principalmente porque tendem a tratar os sintomas e não a causa subjacente. Os próprios antidepressivos apresentam vários efeitos colaterais que podem ser prejudiciais às crianças e adolescentes; além disso, os comprimidos podem ser usados pelos jovens para tentativa de suicídio.

Família: é importante oferecer ajuda aos pais e familiares, bem como à criança. Os pais obtêm compreensão dos problemas e sentimentos do filho. Eles recebem orientação sobre como ajudar a criança a evitar padrões semelhantes de reação depressiva e adquirem conhecimentos sobre como lidar com os próprios sentimentos de impotência na presença de uma criança ou adolescente que está realmente deprimido.

Com freqüência, a terapia familiar é necessária para interromper o padrão de reprodução do bode expiatório na família, o qual pode ser um fator causador ou fortalecedor da depressão na criança.

Bibliografia

ALLEN, D. M.; TANNOWSKI, K. J. (1989) Depressive Characteristics of Physically Abused Children. *J. Abn. Child Psychol*, 17, pp.1-12.

ANGOLD, A. (1988) Childhood and Adolescent Depression I: Epidemiological and Aetiological Aspects. *British Journal of Psychiatry*, 152, pp.601-17.

_____. (1988) Childhood and Adolescent Depression II: Research in Clinical Populations. *British Journal of Psychiatry*, 153, pp.476-92.

ARMSDEN GAY, C.; MCCAULEY, E.; GREENBERG, M. T.; BURKE D. M.; MITCHEL, J. R. (1990) Parent and Peer Attachment in Early Adolescent Depression. *J. Abn. Child Psychol*, 18 (6), pp.683-97.

BARRETT, M. L. *et al*. (1991) Diagnosing Childhood Depression. Who should be interviewed — Parent or Child? The Newcastle Child Depression Project. *British Journal of Psychiatry*, 159 (11), pp.7-47.

BOWLBY, J. (1960) Childhood Mourning and its Implications for Psychiatry. *Am. J. Psychiatry*, 18, pp.481-98.

DE WITTE, H. F. J. (1986) Stemmingstoornissen en Suicide. SANDERS-WOUDSTRA J.A.R. *Leerboek kinder-en jeugdpsychiatrie*, pp.467-507.

DOLGAN, J. I. (1990) Depression in Children. *Paediatric Annals,* 19 (1), pp.45-50.

DOLTO, F. (1988) *La cause des adolescents*, pp.16-7.

ELLIOTT, D. J.; TANNOWSKI, K. J. (1990) Depressive Characteristics of Sexually Abused Children. *Child psychiatry and human development*, 21(1).

GOODYER, I.; WRIGHT, C.; ALTHAM, P. (1990) The Friendship and Recent Life Events of Anxious and Depressed School Age Children. *British Journal of Psychiatry*, 156, pp.689-98.

KAZDIN, A. E. (1989) *Childhood depression*, pp.121-60.

KELLY, G. L. (1991) Childhood Depression and Suicide. *Nurs. Clin. North America*, 26 (3), pp.545-58.

KENEALLY, P. Children's Strategies for Coping with Depression. *Behaviour Res. Ther.*, 189, 27 (1), pp.27-34.

RUTTER, M. (1985) Psychopathology and Development Links between Childhood and Adult Life. *Child and Adolescent Psychiatry*, pp.722-94.

SEAGULL, E. A. (1990) Childhood Depression. *Curr. Probl. Paediatric*, pp.707-55.

De quem é o corpo?
Ajudando crianças a lidar
com distúrbios alimentares

Alan Cockett*

O que é um distúrbio alimentar?

A alimentação, como uma das funções humanas básicas, é também uma das atividades corporais mais expostas e simbólicas. Apesar de comermos para sobreviver, também usamos o alimento para nos comunicar, para manter grupos na sociedade e como parte de vários rituais que governam o nosso dia-a-dia. Os fatos mais significativos, religiosos ou não, são marcados, de alguma maneira, pelo consumo de comidas especiais ou pela sua proibição. Os exemplos do primeiro caso incluem o banquete de casamento e a comemoração de uma data religiosa, como o Natal ou a Páscoa; exemplos de proibição incluem a abstinência de determinados alimentos na Quaresma ou o jejum durante o Ramadã. Até mesmo no ambiente escolar a comida tem um significado especial, por exemplo, no hábito de as crianças almoçarem juntas na maioria das escolas, o que estimula e reúne grupos sociais. Em muitas escolas, os professores ainda se sentam à cabeceira da mesa ou em uma mesa mais alta, reafirmando assim a hierarquia na qual se baseia a organização escolar.

Portanto, com freqüência, o ato normal de comer é um acontecimento público. Mas a desordem alimentar é, em geral, um assunto secreto. Isso significa que, freqüentemente, é difícil identificar as crianças com distúrbios alimentares, a não ser, talvez, pelo fato de que, ao contrário da maioria dos colegas, elas escondem sua forma de comer e costumam faltar nas diversas atividades nas quais comer é uma parte importante. Outra dificuldade para identificar a criança com distúrbio alimentar é a de

---

* Psiquiatra e consultor do NHS em Avalon Somerset.

determinar o que realmente é distúrbio e o que se encaixa na grande variedade de padrões normais de alimentação existentes em diferentes culturas e até mesmo em diferentes famílias na mesma cultura. Em algumas famílias, por exemplo, é normal servir os alimentos em pratos separados, em vez do padrão mais comum de servir a carne e os legumes no mesmo prato. Outras famílias não acompanham o padrão habitual de fazer três refeições completas por dia, e sim comem pequenas quantidades várias vezes ao dia, seguindo um padrão alimentar que algumas vezes é chamado de "pastar". Algumas pessoas comem depressa e outras muito devagar, e nem todas seguem a mesma dieta; portanto, num ambiente escolar podemos encontrar, de um lado, crianças bastante onívoras e, do outro, crianças vegetarianas, que sobrevivem com dietas bastante restritivas. Além disso, há também aquelas que seguem dietas especiais por razões médicas, sendo a mais comum delas a criança diabética, que precisa limitar a ingestão de açúcar; ou a portadora da doença de Crohn, que precisa evitar alimentos que contêm glúten.

Contudo, há diferenças importantes entre as crianças cuja alimentação é inusitada, mas está na esfera de normalidade da população, e aquelas que sofrem de um genuíno distúrbio alimentar. O padrão alimentar destas é significativamente diferente daquele de sua família ou do que se espera em sua formação cultural. Outra diferença importante está na quantidade de alimento ingerido pelas crianças com distúrbios alimentares e na quantidade ingerida pelos colegas, uma diferença que, em geral, se reflete no peso e, por conseqüência, na aparência física. Outra diferença, menos fácil de identificar, mas crucial na determinação da presença ou não de um sério distúrbio alimentar, é que, ao contrário das crianças normais, a maioria daquelas com um distúrbio alimentar sério não apresenta apenas o comportamento alimentar incomum, mas também tem crenças ou atitudes incomuns com relação aos alimentos. De modo geral, são essas crenças e atitudes diferentes que ajudarão a classificar as crianças com distúrbios alimentares nos diferentes tipos de distúrbios.

Anorexia nervosa

Essa doença, que resulta num jejum persistente e provoca extremo emagrecimento, é o distúrbio alimentar mais encontrado no ambiente escolar. Estima-se que nas escolas particulares esse distúrbio afeta aproximadamente uma em cada duzentas meninas; considerando as escolas particulares e estaduais, a proporção é de cerca de uma em 250 meninas, predominando naquelas com mais de dezesseis anos de idade. Aproximadamente um entre dez pacientes encaminhados para tratamento com anorexia nervosa são meninos.

Tem havido muitas tentativas de definir precisamente o que é anorexia nervosa e identificar as suas características mais importantes. Basicamente, a doença é uma crença distorcida com relação à comida e à alimentação, juntamente com as conseqüências físicas e psicológicas quando essa crença é posta em prática. As crianças que sofrem de anorexia nervosa adquiriram a convicção essencial de que o seu valor próprio depende quase totalmente da capacidade de controlar a forma e o peso do corpo, associada à crença de que o estado ideal é o de extrema magreza. Quando a criança começa a se comportar de maneira compatível com esse sistema de crenças, tem início a sua perda de peso. Geralmente essa perda de peso continuará até a criança ficar extremamente doente, ou até mesmo morrer, a não ser que alguém interfira (o índice de mortalidade por anorexia nervosa varia de 5 a 20% em diferentes estudos). Portanto, a anorexia nervosa em geral é diagnosticada quando o paciente perdeu uma quantidade significativa de peso (20% ou mais em relação à média de peso para a sua altura, sexo e idade), tem a forte convicção de que o ganhar peso pode provocar um desastre e que a magreza extrema é o objetivo máximo a ser exigido; e principalmente quando essas crenças não conseguem ser abaladas pelas abordagens habituais de persuasão ou coerção. A maioria dos médicos também atribui uma importância significativa à amenorréia (ausência de períodos menstruais) e outros comportamentos que, com exceção do jejum, são claramente calculados para provocar perda de peso: o vômito auto-induzido, a ingestão de grandes quantidades de laxantes ou o excesso de exercícios.

Distúrbios bulímicos

Algumas crianças e jovens com distúrbio alimentar podem ingerir grandes quantidades de alimentos de uma só vez, algumas vezes vomitando-os espontaneamente ou provocando o vômito. Esse consumo de grandes quantidades de comida de uma só vez é chamado de bulimia. Embora muitas crianças e jovens possam ingerir várias fatias de bolo ou barras de chocolate de uma só vez como parte do seu comportamento alimentar normal, as crianças e jovens com bulimia consomem o equivalente a oito, dez, ou até mais, barras de chocolate de uma só vez, habitualmente, várias vezes ao dia. Alguns desses jovens estão na verdade sofrendo de anorexia nervosa; entre os episódios de bulimia, eles jejuam, além de utilizar outros métodos para provocar a perda de peso. Para essas crianças é como se, momentaneamente, tivessem abandonado toda a prudência e o controle férreo da sua alimentação, experienciando uma supercompensação bulímica. Outras, contudo, não fazem nenhuma tentativa para controlar o peso e não jejuam. Contudo, acreditam realmente que o controle do peso é extremamente importante mas, ao contrário dos anoréxicos, elas não buscam um estado de extrema magreza. Dizemos que esses pacientes sofrem de bulimia nervosa e não de anorexia nervosa. Aqueles que têm bulimia nervosa, somando-se às características da anorexia nervosa, são usualmente diagnosticados como portadores de anorexia nervosa; a bulimia é, então, considerada como uma complicação da anorexia.

Problemas alimentares baseados na ansiedade

Há uma complexa relação entre a ansiedade e a alimentação. A maioria das pessoas percebe que sua alimentação é afetada de alguma maneira quando estamos extremamente ansiosos ou preocupados; por exemplo, como no caso de um exame ou de uma entrevista. Nessa situação, algumas pessoas diminuem a quantidade de alimento ao passo que outras buscam conforto no alimento. Isso é ainda mais comum nas crianças e explica por que a maioria das crianças cronicamente ansiosas também é cronicamente magra ou obesa. Em geral, estas apresentam outros sinais de ansiedade, como queixas freqüentes de dores, episódios de sudorese e calafrios, episódios de medo agudo associado à fuga ou tentativa de fuga de uma situação (ataques de pânico), comparecimento irregular à escola e mau desempenho escolar. Em geral, essas crianças são tímidas e sensíveis e têm poucos amigos. A tendência de comer demais ou de menos geralmente é menos acentuada em casa do que na escola, embora nem sempre isso aconteça. Essas crianças têm crenças normais acerca dos alimentos e da alimentação, quase sempre estão preocupadas com a perda ou ganho de peso e, sob esse aspecto, são diferentes, por exemplo, das anoréxicas. Estas, além de crenças incomuns a respeito dos alimentos, também acreditam que precisam perder peso cada vez mais.

Um segundo grupo de crianças, no qual o alimento e a ansiedade estão relacionados de maneira importante, são aquelas cujas ansiedades estão voltadas especificamente para os alimentos e, portanto, não comem o suficiente porque se preocupam com a possível contaminação destes, seja por substâncias venenosas, seja por germes. Usualmente, essas crianças terão adquirido as suas preocupações com relação aos alimentos por não se sentirem seguras, porque os pais também são ansiosos com relação aos alimentos ou como resultado de alguma coisa que aprenderam na escola, mas que não entenderam de modo adequado. Com freqüência, esse tipo de ansiedade surge repentinamente e, portanto, pode ser responsável por uma mudança abrupta nos hábitos alimentares de uma criança. Mas, diferentemente daquelas que sofrem de anorexia nervosa, em geral é mais fácil lidar com as falsas crenças dessas crianças pois elas não estão tão arraigadas quanto a crença dos anoréxicos de que ser magro é a única maneira de ser.

Distúrbios alimentares obsessivos

Embora relativamente raros, os problemas alimentares associados a doenças obsessivas em crianças podem ser bastante dramáticos e, portanto, facilmente identificáveis. Muitas vezes, essas crianças apresentam uma grande variedade de atitudes obsessivas, das quais as obsessões relacionadas à comida e alimentação representam apenas uma pequena parte. Em geral, essas crianças acreditam que, a não ser que realizem determinados atos, aparentemente ilógicos, alguma coisa terrível pode acontecer. Normalmente, são obsessões como a necessidade de ligar e desligar o interruptor de luz várias vezes antes de sair de uma sala, verificar várias vezes se as portas estão fechadas antes de se afastarem delas, tocar várias vezes determinados locais especiais nas paredes ou escadas ao passar por eles, e assim por diante. Com freqüência, a sua obsessão se reflete no desempenho escolar e também interfere na relação com o grupo de colegas. Em geral, a perda de peso é provocada pelo tempo necessário para fazer uma refeição, por causa dos diversos atos obsessivos que elas precisam realizar como parte do seu ritual de alimentação. No ambiente escolar, em que o tempo reservado para a alimentação é normalmente fixo e relativamente curto, elas não se alimentam o suficiente para manter um peso adequado. Raramente limitam as suas atividades obsessivas à escola (embora isso ocasionalmente possa acontecer); portanto, quando alguém na escola perceber o problema, os pais já estarão bastante preocupados.

Outros distúrbios alimentares

Outro distúrbio alimentar comum nas escolas, pelo menos nas classes mais abastadas, é o excesso de comida responsável pela obesidade. Com exceção dos casos nos quais esse excesso está associado com a ansiedade ou a infelicidade, conforme foi descrito, não podemos afirmar que essas crianças estejam sofrendo de um distúrbio alimentar. Em geral, trata-se de um comportamento aprendido, adquirido numa família em que a norma é a obesidade e a ingestão de quantidades de comida maiores do que a média. Diferentemente de outros problemas alimentares, muita coisa foi escrita sobre o tratamento da obesidade infantil e, em particular, sobre a necessidade de educar os pais, tanto quanto as crianças, no que se refere a uma alimentação sensata. Portanto, esse assunto não será discutido em detalhes.

Contudo, há outros problemas alimentares sobre os quais pouco se escreveu, mas que se manifestam ocasionalmente nas escolas. São os distúrbios alimentares resultantes de um distúrbio físico; esse distúrbio físico tem um efeito direto na motivação para comer. O mais comum deles é encontrado em crianças com lesões confirmadas na parte do cérebro que controla essa motivação, seja como conseqüência de uma contusão na cabeça ou de uma cirurgia para retirada de um tumor maligno na base do cérebro, próximo aos centros de controle do apetite e da alimentação. Essa lesão cerebral da criança pode provocar a perda total do apetite e, assim, ela não sente nenhum prazer em comer e nem sabe quando deve comer. Por outro lado, a habilidade da criança para controlar a alimentação e, em particular, para identificar que está satisfeita, desaparece. Conseqüentemente, ela sente fome o tempo todo e, a não ser que seja impedida, come continuamente, chegando a roubar comida sempre que haja uma oportunidade. Uma criança pode, mais raramente, ter as mesmas dificuldades de saber quando parar de comer, resultado de um distúrbio genético, em geral uma doença conhecida como Síndrome de Prader Willi, que também está associada a diversos graus de distúrbios de aprendizagem.

Algumas crianças parecem ter nascido sem o sentido do paladar e do olfato. Em geral, têm problemas alimentares desde o nascimento e apresentam cronicamente um peso baixo e são, portanto, motivo de preocupação tanto em casa quanto na escola. Essa doença, que foi chamada de "anosmia congênita" (nascer sem o sentido do olfato), não está habitualmente associada a qualquer outra deficiência. Tais crianças precisam de uma ajuda extra na hora das refeições na escola, ao contrário daquelas com a Síndrome de Prader Willi, cujos problemas alimentares em geral são tratados como parte de um programa mais amplo de tratamento e educação num ambiente escolar especial. Felizmente, as crianças com anosmia congênita parecem melhorar bastante à medida que crescem e, assim, ao iniciarem o segundo grau, geralmente estão se alimentando normalmente. Entretanto, aquelas cujo excesso ou insuficiência de alimentos é resultado de lesão cerebral, com freqüência melhoram um pouco cerca de dois anos após a lesão cerebral mas, em geral, o seu problema de alimentação dura a vida toda e é muito difícil de ser resolvido.

Identificando uma criança com distúrbio alimentar na escola

Diferentemente de muitos distúrbios infantis que se revelam na escola e se manifestam de maneira óbvia e facilmente identificável, como os acessos de raiva ou o comportamento agressivo, a maioria dos distúrbios alimentares, por sua própria natureza, são privados e, portanto, ocultos. Num ambiente escolar, provavelmente serão identificados pelas suas conseqüências e não porque determinado comportamento alimentar anormal tenha sido identificado por um professor. Algumas vezes, doenças como a anorexia nervosa serão reveladas por um amigo íntimo que, por sua preocupação com o que está acontecendo, procurará um membro da equipe para informá-lo. Contudo, geralmente é preciso identificar os sinais de aviso e, então, investigar melhor.

Anorexia nervosa

Como podemos ver na Tabela 1, p.87, a anorexia nervosa tem conseqüências físicas, psicológicas, sociais e escolares, e qualquer uma delas pode ser observada na escola, seja na sala de aula ou durante outras atividades escolares, como nos esportes ou artes dramáticas. Os professores que supervisionam regularmente as crianças quando elas trocam de roupa ou participam de atividades como dança ou ginástica aeróbica, em que se usam roupas justas, podem perceber os efeitos da perda de peso, incluindo a magreza exagerada, o aspecto doentio, a lanugem fina que substitui o cabelo normal em estados graves de inanição, a palidez da pele e as extremidades frias, azuladas. Qualquer membro da equipe é capaz de notar quando as roupas estão muito largas, aparentemente mal ajustadas, e também a sensibilidade ao frio dos anoréxicos, que os leva a ficar perto de aquecedores e usar várias camadas de roupa, mesmo quando a temperatura está agradável. Todas essas mudanças físicas são o resultado direto de jejum, e também ocorrem ocasionalmente nos casos de perda de peso significativa que não tenha sido auto-induzida, como em crianças com doenças crônicas. Contudo, essas crianças, em geral, já terão sido identificadas pela escola como portadoras de uma doença crônica e, portanto, não estão sujeitas a ser confundidas facilmente com aquelas que sofrem de anorexia nervosa.

Para compreender as conseqüências psicológicas, sociais e escolares da anorexia nervosa é importante conhecer os efeitos específicos da inanição sobre o funcionamento cerebral. O cérebro humano é particularmente sensível à inanição, e quando as crianças perdem 20% ou mais do seu peso corporal começam a apresentar sinais de insuficiência cerebral reversível. Isso provoca uma interrupção gradual do funcionamento cerebral numa seqüência bastante previsível (ver Tabela 2, p.87). A redução da capacidade para empregar conceitos abstratos é seguida pela crescente incapacidade de pensar logicamente. Esses dois problemas, apesar de ser pouco provável que sejam notados pela pessoa afetada, podem ser percebidos pela equipe de ensino em matérias como matemática, ciências ou computação. À medida que o funcionamento do cérebro diminui, a capacidade para se relacionar com os outros fica comprometida. Isso pode ser observado como uma aparente mudança de personalidade, resultando num embrutecimento da personalidade e na intensificação de suas características mais dominantes já presentes, à custa das demais características. Isso ocorre, por exemplo, com uma criança levemente mal-humorada, que desenvolve uma personalidade explosiva; ou uma criança tímida e sensível, que se afasta totalmente dos relacionamentos.

A deterioração adicional no funcionamento cerebral provoca uma redução da quantidade de conceitos com os quais a criança consegue lidar e, basicamente, esta acaba considerando apenas um ou dois assuntos, em geral comida e auto-imagem. Assim, a sua conversa fica reduzida a assuntos relacionados à comida, afastando os amigos e, em conseqüência, isolando-a na escola. Um outro efeito dessa deterioração é a perda da capacidade para analisar questões sob diversas perspectivas, deixando apenas a habilidade para analisá-las sob um ponto de vista radical. O que resulta no que foi chamado de "raciocínio em preto-e-branco", no qual cada questão é analisada como totalmente boa ou totalmente ruim, com total perda da capacidade para ver os tons cinzas intermediários. Uma vez que o anoréxico já reduziu para apenas um ou dois a quantidade de assuntos com os quais consegue lidar sendo o principal a comida e o seu efeito no peso, o resultado é uma criança que pensa quase exclusivamente em comida e também considera o alimento como algo repulsivo, o jejum como uma coisa elogiável, o aumento de peso como um estado absolutamente horrível e a magreza como algo muito desejável.

Tabela 1 Principais características da anorexia nervosa

Físicas	Psicológicas	Sociais	Acadêmicas
Perda de peso visível	Muito consciente da aparência	Isolamento	Trabalha muito, a ponto de excluir todo o restante
Emagrecimento do rosto e das mãos	Evita alimentos	Perda de amigos	Fracasso escolar gradual
Membros muito delgados	Autodepreciação	Evita situações que incluam comida	Defasagem escolar em razão de faltas por "doença"
Roupas largas demais	Pode parecer deprimido	Pode furtar ou roubar em lojas	
Interrupção da menstruação	Pode fazer mal a si mesmo (ex.: overdoses)	Pode esconder comida	
Extremidades frias, azuladas	Mau humor	Competitivo	
Rosto pálido, com olhos brilhantes	Pode comer excessivamente e/ou provocar vômito	Afasta-se de atividades não-escolares	
Muito ativo, mas pode se cansar facilmente	Comportamento obsessivo		
Excesso de exercícios	Pode abusar de laxantes		

Tabela 2 Insuficiência cerebral anoréxica

Perda da capacidade para empregar conceitos abstratos
Perda das habilidades matemáticas
Redução na compreensão da lógica
Problemas nos relacionamentos
Embrutecimento da personalidade
Fracasso nos relacionamentos
Diminuição da quantidade de conceitos com os quais consegue lidar
Pontos de vista radicais
Só se preocupa com um único assunto

Perda de peso crescente

Embora essa progressiva redução no funcionamento cerebral seja uma conseqüência da inanição, para o anoréxico, independentemente da causa, ela provoca um estado mental que agrava o problema e fortalece a decisão da criança de jejuar ainda mais. Isso resulta num círculo vicioso ou "redemoinho" de eventos dos quais a criança em geral não consegue escapar sem a ajuda firme de adultos. Como mostra a Figura 1, quanto maior a perda de peso, maior o grau de insuficiência cerebral e, conseqüentemente, maior a probabilidade de fortalecimento da decisão de jejuar e, portanto, maior inanição, causando mais insuficiência cerebral, e assim por diante. A maior parte das conseqüências psicológicas e escolares da anorexia nervosa decorre disso, e é fácil ver como essas mudanças vão levando a um progressivo fracasso no desempenho escolar, bem como nos relacionamentos sociais.

Figura 1 O redemoinho anoréxico

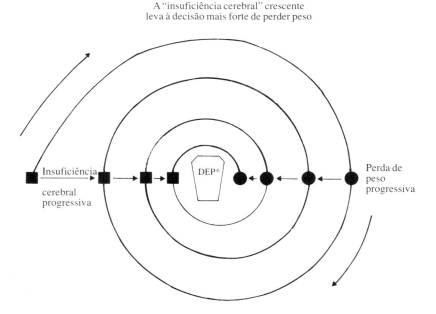

Figura adaptada de Slade R. (1984) *Anorexia nervosa*. Harper & Row.
* DEP. Descanse em paz

Distúrbios bulímicos

Uma vez que a perda de peso é incomum nos distúrbios bulímicos não provocados pela anorexia nervosa, as diversas conseqüências físicas e psicológicas descritas, em geral, estão ausentes. As crianças com bulimia nervosa algumas vezes têm má saúde e, particularmente, má saúde dentária, resultado dos efeitos do ácido estomacal nos dentes, em virtude dos freqüentes vômitos auto-induzidos. Os professores também podem observar outros efeitos do vômito auto-induzido, como a presença de vômito seco nas roupas e ferimentos nos dedos em decorrência de sua introdução na garganta. A equipe também pode observar ausências da sala de aula, quando a criança está comendo demais ou vomitando. Ocasionalmente, podem ser encontradas grandes quantidades de alimento escondidas numa carteira ou armário, e alguns pacientes bulímicos também preferem vomitar secretamente nesses locais, em vez de fazê-lo nos banheiros, atraindo a atenção para si mesmos.

Em virtude da auto-imagem ruim dos pacientes bulímicos, que é algo em comum que compartilham com aqueles que sofrem de anorexia nervosa, as crianças bulímicas também podem apresentar sinais de baixa auto-estima, como insatisfação com os resultados escolares apesar de serem excelentes alunos; são também crianças isoladas e sem amigos, com dificuldade para se relacionar com os colegas.

Problemas alimentares provocados pela ansiedade

As crianças com problemas alimentares provocados por ansiedade generalizada, em geral, podem ser identificadas mais pelos efeitos da ansiedade do que pelo problema alimentar em si. Contudo, aquelas que se preocupam apenas com a comida só podem ser notadas por causa da perda de peso ou porque, de repente, deixam de se alimentar adequadamente na hora do almoço. Também podem ser identificadas porque os amigos conhecem suas preocupações com relação aos alimentos e, em particular, com a sua contaminação. Isso também pode se evidenciar nas aulas de determinadas matérias, em particular economia doméstica, estudos ambientais e ciências biológicas.

Essas crianças podem fazer uma quantidade desproporcional de perguntas sobre assuntos relacionados à segurança e higiene dos alimentos, apesar de não demonstrarem o mesmo interesse por outros aspectos da matéria.

Distúrbio alimentar obsessivo

Aqui, novamente, o problema alimentar pode ser menos visível do que a tendência mais genérica de apresentar obsessões e comportamento ritualista. Contudo, na hora do almoço, os supervisores podem observar o comportamento bastante incomum apresentado por essas crianças: como exemplo, tocar nas facas e garfos várias vezes antes de utilizá-los, comer certos alimentos em determinada ordem e tocar a comida com os lábios várias vezes antes de colocá-la na boca. Algumas crianças obsessivas também precisam colocar o alimento nas bordas do prato numa espécie de ritual, antes de ingeri-lo. Tudo isso pode resultar num período de tempo excessivamente longo para fazer uma refeição e, assim, o tempo reservado para a hora do almoço termina antes que a criança tenha comido metade da sua refeição. Se esse tipo de coisa estiver acontecendo regularmente e a criança não estiver sofrendo de anorexia nervosa, então devemos suspeitar de um problema alimentar obsessivo, mesmo que ela não pareça ser obsessiva em outras situações.

Outros distúrbios alimentares

As crianças com problemas alimentares provocados por lesão cerebral provavelmente já terão sido identificadas muito antes de retornarem à escola após a lesão ou a cirurgia. Entretanto, é importante que a equipe esteja ciente das dificuldades particulares dessas crianças, que podem carecer de senso de saciedade e, se lhes for permitido, comerão quase ininterruptamente. A maneira como elas roubam alimento e dinheiro das outras crianças pode provocar problemas consideráveis na escola o que, provavelmente, em pouco tempo será notado por todos.

O que o professor pode fazer

Ao identificar uma criança que pode estar sofrendo de um dos distúrbios alimentares mencionados nesse capítulo, há vários cursos de ação possíveis para os professores, e que podem resolver a situação. Quando um professor desconfiar de um distúrbio alimentar em uma criança, é importante compartilhar essa informação com os outros membros da equipe e os outros profissionais que trabalham na escola. As enfermeiras, os psicólogos educacionais, os assistentes sociais e os *education welfare officers* podem dar apoio aos membros da equipe de ensino na decisão de um curso de ação. Se, como resultado dessas discussões, a preocupação relacionada com a anorexia ou outro distúrbio alimentar se tornar ainda maior, geralmente recomenda-se que tais preocupações sejam compartilhadas com os pais ou os responsáveis. Também é importante que um membro da equipe escolar discuta com a criança as preocupações provocadas por uma dieta alimentar severa e pela perda de peso.

Como em outras situações citadas nesse livro, é importante que um membro da equipe, no qual a criança confie, fale com ela sobre a situação da maneira como é vista pelos adultos. É importante que essa entrevista seja realizada de maneira firme, porém compreensiva; e, principalmente, que as diversas desculpas para a perda de peso, comportamento alimentar anormal, excesso de exercícios e os sumiços no banheiro não sejam aceitos muito facilmente pelos adultos.

Se possível, o aluno deve ser persuadido a aceitar a avaliação do médico da família ou da escola. Essa avaliação possibilita a este dimensionar a seriedade da situação. Se, após a avaliação médica, houver séria preocupação a respeito da saúde física da criança, então é provável que ela seja encaminhada a um serviço local especializado, por exemplo, para a pediatria ou a psiquiatria infantil.

Enquanto isso, é importante que um membro da equipe escolar converse com o médico para decidir as atividades que podem ou não ser adequadas ao aluno, levando em conta a perda ou o ganho de peso. Isso pode resultar num acordo com a criança a respeito daquilo que a escola está ou não preparada para lhe proporcionar, por exemplo, em matérias como educação física ou teatro.

As crianças com distúrbios alimentares e, em particular, com anorexia ou bulimia, em geral são alunos que ainda não foram identificados como necessitando de apoio especial na escola. Em geral, são excelentes alunos e, com freqüência, o seu comportamento social nunca provocou preocupação na escola. Portanto, é importante que recebam apoio contínuo e sistemático e um *feedback* positivo para tudo o que fazem, mesmo para as coisas mais rotineiras.

A equipe de ensino também deve estar atenta aos alunos que provocam a criança com distúrbio alimentar, particularmente com relação à perda ou ganho de peso e à sua aparência física. Essas provocações com freqüência são um agente precipitador de distúrbio alimentar.

Os amigos podem ajudar muito a criança bulímica, monitorando o que está acontecendo e verificando se ela está comendo excessivamente.

Também é importante aumentar a auto-estima da criança e ajudá-la a encontrar outras maneiras para se sentir bem em relação a si mesma, maneiras que não estejam relacionadas com a alimentação.

No que diz respeito aos distúrbios alimentares provocados pela ansiedade, a criança também pode receber ajuda de um membro da equipe, por exemplo, um professor de economia doméstica ou biologia. Este pode conversar com ela sobre as suas ansiedades, de maneira lógica e racional, indicando a leitura de artigos capazes de diminuir algumas das suas principais preocupações. Também é possível ajudá-la a compreender melhor os princípios da alimentação e das técnicas de preparação dos alimentos. Com freqüência, esses alunos são aqueles que sofrem de ansiedade generalizada, particularmente em época de exames; assim, é comum que se beneficiem quando recebem ajuda sobre a maneira de lidar com a ansiedade. Muitas vezes, isso pode ser facilitado por um encaminhamento ao serviço de psicologia educacional, que pode dar informação à escola e ao aluno sobre técnicas de ajuda para diminuir os níveis de ansiedade.

Os alunos cujos problemas alimentares parecem ser do tipo obsessivo devem ser encaminhados a um psiquiatra infantil ou psicólogo clínico, uma vez que o manejo de tal comportamento obsessivo é muito especializado e, provavelmente, tal especialidade não existe no sistema escolar. Freqüentemente, essas crianças pensam que estão ficando loucas. Assim, antes de serem examinadas por um psiquiatra infantil ou psicólogo clínico, é importante tranqüilizá-las afirmando que isso não significa que seus pais ou a equipe escolar acham que estão sofrendo de alguma doença mental. Elas devem entender que um especialista poderá lhes ensinar determinadas técnicas para lidar com as suas compulsões.

O tratamento de crianças com distúrbio alimentar de origem orgânica é uma questão potencialmente complexa, pois elas já podem estar envolvidas com uma série de profissionais; geralmente os professores são informados dessa ajuda especial quando elas ingressam na escola. A equipe escolar enfrenta dificuldades específicas para lidar com elas, principalmente com as que têm hiperfagia (apetite permanente) e imploram e roubam comida. Nessas situações, geralmente é proveitoso marcar uma discussão de caso na escola para que o assunto possa ser discutido com os pais e outros profissionais envolvidos. Isso pode gerar planos de tratamento específicos baseados nos conselhos de profissionais que conhecem a natureza precisa do problema alimentar. Com freqüência, essas crianças precisam de apoio especial na escola, particularmente na hora das refeições.

Conversando com os pais

Os pais da maioria das crianças com algum distúrbio alimentar provavelmente já sabem da existência do problema, mas talvez não o tenham enfrentado diretamente. Isso é particularmente verdade nas famílias em que a criança tem anorexia, pois uma das características mais conhecidas dessas famílias é a dificuldade de seus membros para se comunicarem abertamente uns com os outros. É muito importante que os pais sejam incluídos nas discussões sobre seus filhos e na preocupação da equipe escolar com eles. Os pais já estão preocupados com os padrões alimentares dentro da família e as discussões a respeito do que observam em casa, provavelmente, será muito útil. Se estes não mostrarem preocupação, então talvez seja aconselhável uma abordagem delicada. Nessa situação, uma das melhores maneiras é enfatizar como a criança é estimada na escola e como determinados membros da equipe começaram a se preocupar com o seu bem-estar, por exemplo, por terem observado perda de peso ou queda no seu desempenho.

Talvez alguns pais já tenham procurado ajuda para o filho com problema alimentar, mas podem ter encontrado alguma rejeição firme, por exemplo, uma recusa da criança em consultar o médico da família. Nessa situação, a equipe escolar pode dar apoio aos pais, conversando com a criança e também condicionando algumas atividades na escola à sua concordância de buscar auxílio médico. É importante lembrar que uma criança anoréxica talvez não tenha causado preocupações aos pais no passado, pois muitas delas são consideradas por eles perfeitas ou ideais. Apesar de haver uma conexão entre os relacionamentos e crenças da família com alguns distúrbios alimentares, em geral é extremamente útil e recomendável deixar claro que tal distúrbio não é, necessariamente, conseqüência de uma falha na educação ou de atitudes específicas dos pais. É importante que os professores envolvidos não pensem que é culpa dos pais ou da criança.

Mesmo havendo profissionais envolvidos, há muitas coisas que os pais e os professores podem fazer juntos para ajudar a criança com distúrbio alimentar. A comunicação entre a equipe, os pais e os alunos é muito importante. Também é muito útil a elaboração de um plano comum para diminuir o estresse sob o qual a criança pode estar. No caso de um aluno anoréxico, o mais importante é descobrir formas de ajudá-lo a sentir-se bem em relação a si mesmo, e não nas atividades associadas a controle do peso e estado de saúde. Os professores e a família podem ser particularmente valiosos para ajudar a criança a encontrar novas experiências no sentido de alcançar novos objetivos. É comum a recuperação ser desencadeada com o desenvolvimento de um novo interesse de vida, ou quando a criança inicia um novo relacionamento com alguém.

É importante que professores, pais e responsáveis sejam honestos e receptivos com a criança que sofre de distúrbio alimentar; e que ninguém lhe diga coisas que possam aumentar as suas preocupações quando todos estão tentando diminuí-las.

Envolvendo-se no programa de tratamento

É bastante comum que, a partir do envolvimento de profissionais de saúde, seja elaborado um amplo programa de tratamento e supervisão.* A equipe de ensino desempenhará um papel importante nesse programa e a enfermeira da escola pode ter um papel especial, acompanhando o peso e a nutrição e, possivelmente, sendo a pessoa adequada para manter um contato regular com os pais. A enfermeira também pode ajudar a criança anoréxica a compreender as conseqüências físicas do jejum, que podem incluir interrupção da menstruação e deterioração da pele, cabelos e unhas. Em muitos casos de crianças com distúrbios alimentares determina-se um peso mínimo aceitável, particularmente para a criança anoréxica ou bulímica. A enfermeira da escola pode fazer esse acompanhamento.

No contexto da sala de aula, a equipe de ensino pode dar muito apoio aos profissionais externos envolvidos na terapia da criança com distúrbios alimentares. É fundamental fazer afirmações que efetivamente apóiem o trabalho terapêutico, evitando idéias que possam contrariar o que o terapeuta está encorajando na mente da criança.

É importante incentivar a criança a sentir-se bem em relação a suas conquistas, bem como evitar dizer qualquer coisa que possa fazê-la acreditar que é importante fazer dieta, ser magro, não ser gordo etc.

As crianças que comem em excesso por causa de um problema orgânico, geralmente precisam de um policiamento bastante complexo no ambiente escolar para garantir que não tenham acesso à comida oferecida pela escola ou pertencente aos outros alunos. Também é importante lembrar que na maioria das escolas é muito fácil converter dinheiro

---

* Isso ainda é muito pouco freqüente no Brasil. (N. da R. T.)

em comida e, portanto, não é só a exposição ao alimento em si que precisa ser evitada.

Problemas abrangentes na escola — prevenção

Como muitos outros problemas emocionais e psicológicos em crianças e adolescentes, os distúrbios alimentares sem nenhuma causa orgânica podem, até certo ponto, ser evitados. A predominância da anorexia nervosa, em particular na população escolar, pode ser influenciada prestando-se atenção aos fatores conhecidos que a provocam, muitos dos quais são sociais ou educacionais. Também é possível diminuir a existência de outros distúrbios alimentares atentando-se especialmente ao que ocorre na sala de aula e identificando os indivíduos vulneráveis.

Para agir sobre os distúrbios alimentares e, em particular, a anorexia nervosa no ambiente escolar, é importante ter algum conhecimento das suas causas. A essência da doença é a crença de que a auto-imagem depende inteiramente da própria capacidade de controlar o peso corporal, no sentido de ser extremamente magro.

A mídia, e particularmente as revistas e propaganda na televisão que visam aos adolescentes, promovem persistentemente a imagem de mulheres jovens magras e, em muitos casos, sugerem que a vida só pode ter sentido se um jovem aderir a essa filosofia. Um dos efeitos dessa concepção é que mais de 50% das meninas de quinze e dezesseis anos acabam fazendo algum tipo de dieta ou têm séria intenção de fazê-lo.* A indústria de produtos *diet* ganha milhões por ano estimulando a magreza nas mulheres, podendo influenciar a concepção dos jovens sobre como eles devem ser.

Contudo, outras pressões sugerem que os jovens devem, na verdade, ser capazes de grandes conquistas e de abrir o seu próprio caminho no mundo. Os pais e responsáveis podem forçá-los a acreditar nisso, particularmente nas famílias em que os pais tiveram de trabalhar muito para subir na escala social e econômica, ocupando uma posição muito superior à dos seus próprios pais. As crianças que desenvolvem a anorexia nervosa nessas famílias geralmente têm determinadas características de personalidade que acabam dificultando a sua vida no sistema de valores familiar. Parece que quando essas crianças experienciam algum tipo de

---

* Existe grande controvérsia a respeito deste fator como desencadeante de distúrbio alimentar. (N. da R. T.)

Figura 2 Um "modelo" de causa para a anorexia nervosa

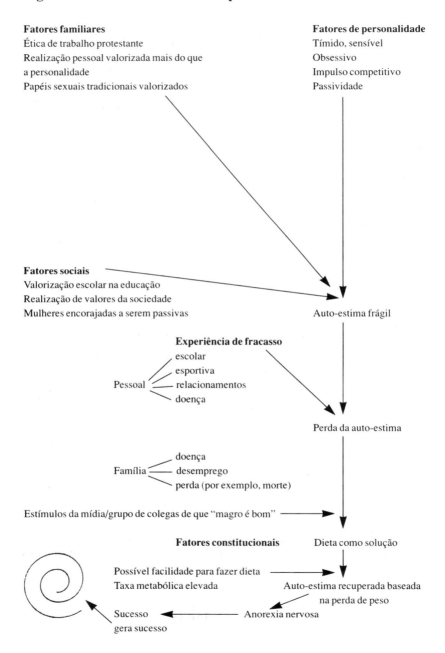

crise ou fracasso, só se sentem capazes de lidar com o fato tentando o sucesso em alguma outra área, que acham que será valorizada por todos; assim, por exemplo, optam por controlar seu peso e passam a buscar esse controle com toda a obsessão e tenacidade que anteriormente estavam dedicando aos estudos.

Há uma série de fracassos que pode precipitar a anorexia nervosa, tais como o fracasso escolar, o fracasso nos esportes, doença, fracasso num relacionamento importante e o fracasso na família; por exemplo, é o caso do pai que perde o emprego, ou do membro da família que fica gravemente doente ou ainda algum parente que se torna alcoolista. Como podemos ver na Figura 2, a criança vulnerável que lida com uma experiência de fracasso fazendo dieta pode se sentir bem-sucedida ao conseguir uma perda de peso inicial; portanto, irá perseguir uma perda de peso cada vez maior até que os efeitos psicológicos da inanição assumam o controle e a situação torne-se autoperpetuadora e, em conseqüência, cada vez mais grave.

Há duas importantes abordagens para prevenir a anorexia nervosa num ambiente escolar. A primeira é todos estarem atentos para identificar os indivíduos de alto risco e, então, fazer um acompanhamento e trabalhar com eles em muitas das questões descritas nesse capítulo. A Tabela 3 relaciona algumas das características que podem indicar que uma criança é vulnerável ao desenvolvimento de um distúrbio alimentar.

A outra estratégia para a prevenção é prestar atenção ao conjunto de valores da escola e a maneira como eles podem transmitir as mensagens duplas de que para as mulheres é importante ser magra, bonita e feminina e que o bom desempenho escolar é tudo.

É particularmente importante ter um conjunto de valores no qual os jovens possam ser valorizados por aquilo que são, e não apenas por aquilo que fazem. É importante encontrar maneiras para transmitir esse conjunto de valores aos jovens passíveis de sofrer de anorexia nervosa, especialmente quando, talvez, não estejam satisfazendo as próprias expectativas acadêmicas ou as dos pais. É importante também que as escolas ofereçam uma variedade de experiências educacionais para que, mesmo as crianças que não se destacam na sala de aula ou nos esportes, possam ter acesso a outras atividades em que se sintam bem.

Pais com distúrbios alimentares — como o professor pode ajudar

Algumas vezes, viver com alguém que sofre de um severo distúrbio alimentar pode ser tão perturbador quanto sofrer o distúrbio. Isso é

Tabela 3 Fatores de risco para a anorexia nervosa

Individuais	Familiares
Baixa auto-estima	Busca a ascensão social
Personalidade obsessiva	Ética de trabalho protestante
Tímido/retraído	Má comunicação das emoções
Passivo nos relacionamentos	Preocupação passada ou presente com alimentos
Muito sensível às necessidades dos outros	Educação altamente valorizada
Precisa competir	Apóia os "papéis sexuais tradicionais"
Precisa vencer ou "ser o melhor"	Membros da família mais valorizados pelo que eles fazem do que por aquilo que são
Preocupação com os valores da mídia e do grupo de colegas	
Estabelece para si mesmo padrões mais elevados do que os dos outros	
Floresce com o sucesso/fica desolado com o fracasso	

particularmente verdade no que se refere à anorexia ou bulimia nervosa, e a família inteira pode ser afetada de diversas maneiras. As crianças dessas famílias talvez nunca tenham experienciado um padrão normal de alimentação ou uma refeição familiar normal. Além disso, o adulto com distúrbio alimentar terá muitos dos problemas descritos nesse capítulo, como episódios de doença física ou perturbações mentais, o que certamente afeta a criança. Quando as crianças dessas famílias não compreendem a natureza das dificuldades vividas, podem achar que elas próprias são a causa; freqüentemente, o sofrimento da criança com aquilo que está acontecendo em sua casa reflete-se num mau desempenho escolar, num comportamento difícil ou mesmo no desenvolvimento de um distúrbio alimentar. Um forte histórico familiar de anorexia nervosa é um fator de risco e propensão para esse distúrbio.

Essas crianças podem receber a ajuda de um professor compreensivo que conheça as suas dificuldades em casa. É importante que ele esteja preparado para ouvi-las, pois muitas vezes não têm nenhum membro da família com quem falar sobre a sua confusão em relação aos pais. Muitas vezes, é importante verificar as pressões escolares, para assegurar que as crianças continuem considerando a escola como um refúgio seguro. Também é benéfico oferecer as informações sobre distúrbios alimentares já discutidas nesse capítulo, embora seja importante conhecer a natureza do problema alimentar parental antes de tentar instruí-las.

Vale a pena também conversar com o pai envolvido, particularmente se a criança estiver demonstrando ansiedade ou se houver qualquer dificuldade significativa na escola. Outros profissionais podem apoiar o professor nessa tarefa e é possível obter conselhos e ajuda para o pai na Eating Disorders Association.*

Fontes adicionais de ajuda

Leitura adicional

DUKER, M.; SLADE, R. (1988) *Anorexia Nervosa and Bulimia: How to help*. Open University Press.
Esse livro oferece conselhos para qualquer pessoa que esteja tentando ajudar e dar apoio a alguém que sofre de anorexia ou bulimia nervosa e também detalhes adicionais sobre os efeitos físicos e psicológicos dessas doenças e sobre suas causas.

WELLBOURNE, J.; PURGOLD, J. (1984) *The eating sickness — Anorexia, Bulimia and the myth of suicide by slimming*. Harvester Press.
Esse livro proporciona uma boa compreensão da psicologia por trás da anorexia nervosa e também fornece conselhos práticos para conversas tanto com os anoréxicos quanto com suas famílias.

PALMER, R. (1989) *Anorexia Nervosa — A guide for sufferers and their families*. Penguin.
Esse livro oferece informações de fácil compreensão sobre anorexia nervosa, apesar da sua perspectiva médica.

GILBERT, S. (1988) *Pathology of eating — psychology and treatment*. Routledge e Kegan Paul.
Apesar do título assustador, esse livro é, na verdade, interessante e de fácil leitura e oferece informações sobre todos os distúrbios alimentares e seu tratamento. Ele é uma das poucas fontes de informação básica sobre os distúrbios alimentares menos comuns anteriormente descritos.

Eating Disorders Association

A Eating Disorders Association é uma organização de auto-ajuda que oferece informação e compreensão por meio de linhas telefônicas

---

* No Brasil, junto a psicólogos e psiquiatras, ou até em *sites* da Internet. (N. da R. T.)

de ajuda, panfletos, circulares e uma rede nacional de grupos de auto-ajuda para pessoas que sofrem de anorexia e bulimia nervosa e seus familiares. Ela pode oferecer pacotes de informações e cartazes para escolas, anunciando o número da linha de ajuda ou encaminhando crianças para contatos com determinado membro da equipe. A associação também oferece treinamento para qualquer pessoa que esteja tentando ajudar aqueles que sofrem de anorexia ou bulimia nervosa.

Para mais detalhes entre em contato com: Eating Disorders Association, Sackville Place, 44 Magdalene Street, Norwich NR3 1JE. Fone: 0603 621414.

Instituições recomendadas para auxílio na orientação e tratamento dos distúrbios alimentares

PROAD — Vinculado à Universidade Federal de São Paulo, Rua dos Otonis, 887 — Vila Clementino — São Paulo, SP (0XX11) 576-4472.

Clínica especializada no tratamento de anorexia nervosa e bulimia — dra. Suzanne Robell, psicóloga clínica. Telefone: (0XX11) 826-3380; e-mail: surobell@dialdata.com.br.

Leituras recomendadas

ROBELL, S. (1997) *A mulher escondida*. São Paulo: Summus.
SPIGNESI, A. (1992) *Mulheres famintas* — uma psicologia da anorexia nervosa. São Paulo: Summus.
LAWRENCE, M. (1991) *A experiência anoréxica*. São Paulo: Summus.

---

* Este capítulo foi revisado pela dra. Suzanne Robell, psicóloga clínica especializada no tratamento de anorexia nervosa e bulimia.

Ajudando crianças cujos pais sofrem de problemas de saúde mental

Madeleine Thomas*

"Eu vou sempre sentir essa dor no meu coração — eu tento fingir que ela não existe, mas não adianta, ela está aí." (Becky, dezesseis anos).

"Eu estava subindo no ônibus — aí ouvi alguém dizendo: 'você mora com aquela louca' — agora eu fico mais calma — antes eu dizia: 'não, ela não é a minha mãe' — agora eu digo: 'ela tem muitos problemas'." Becky (dezesseis anos).

"Às vezes eu acho que eles não entendem nada, não sabem de nada; eu já passei por tanta coisa; de certo modo eu sei tanta coisa mais do que eles!" Alexander (treze anos).

"Às vezes eu choro à noite — as outras pessoas não entendem — preferem fingir que não percebem as noites que a gente fica sem dormir — chorando. É mais fácil. Eu me interesso por muito coisa, isso ajuda — esportes — pensar nessas coisas e não no que eu tenho em casa. Eu me esforço para fazer parte dos times da escola. Às vezes eu acho que a escola é uma delícia, porque consigo ficar longe de casa. Tenho bons amigos na escola — uns caras muito legais." Alexander (treze anos).

Comunicação pessoal, 1992.

---

* Psicóloga clínica, diretora-geral do Serviço de Psicologia (dificuldades de aprendizagem) do NHS em Avalon Somerset.

Introdução

Nesse capítulo, discutiremos os possíveis efeitos de se ter um dos pais com problemas de saúde mental e apresentaremos algumas sugestões para os professores. Dentro do contexto dos outros capítulos desse livro, elas servirão como orientações adicionais a todas as outras ótimas e abrangentes sugestões apresentadas, relacionadas ao luto, divórcio e demais experiências de vida, sobre como auxiliar as crianças nessas experiências aflitivas.

A criança que mora com um pai/mãe que sofre de doença mental não está necessariamente condenada a ter o mesmo distúrbio. Contudo, isso não torna a sua infância ou adolescência mais fácil, nem a ajuda a encontrar o seu lugar no mundo. Gross (1989) relatou que as crianças com pais mentalmente doentes correm um risco maior de apresentar distúrbios psiquiátricos e de desenvolvimento do que as crianças com pais não-doentes, embora o motivo não esteja claro. O autor também relata que o diagnóstico da doença no pai/mãe parece ter menos influência no prognóstico do possível funcionamento infantil do filho do que a gravidade e cronicidade da doença. Portanto, é provável que essas crianças necessitem de mais ajuda e apoio dos outros em seu meio, particularmente dos professores e demais pessoas envolvidas de maneira extensiva com elas.

Efeitos sobre a criança

Na existência de um problema de saúde mental, em particular na mãe, é provável que o apoio recebido pela criança seja bastante instável, com períodos de vida relativamente "normais" alternados com períodos de crises. Algumas vezes, podem ocorrer até mesmo eventos traumáticos (por exemplo, violência) ou períodos de transtornos persistentes e severos, em conseqüência inevitável da vida com um pai/mãe possivelmente instável, imprevisível, talvez deprimido, talvez maníaco, talvez sujeito a explosões de raiva. Pode-se incluir aí a separação conjugal concomitante, hospitalizações, graves problemas financeiros ou outras crises importantes. Esses fatores de estresse podem ser tão sérios a ponto de ultrapassar a esfera da experiência "normal". Contudo, tais períodos estressantes podem ser intercalados por fases relativamente calmas, seguras e até mesmo felizes.

Pode-se prever que as perturbações e os transtornos apresentados por um pai/mãe mentalmente doente, que, por definição, não está exercendo adequadamente as funções parentais durante determinados períodos, causem problemas para a criança. Os problemas mais prováveis são o medo e a ansiedade, distúrbios do sono, culpa, deterioração da memória, dificuldade de concentração, perda da auto-estima e da auto-imagem positiva.

As reações ao "trauma" específico e severo, e, em particular, à violência, podem ser descritas com mais propriedade como semelhantes às reações das vítimas de violência descritas no distúrbio do estresse pós-traumático (*Post traumatic stress disorder* — PTSD). O PTSD envolve:

a) a re-vivência do trauma por meio de lembranças, pensamentos ou sonhos invasivos;

b) o entorpecimento da sensibilidade, demonstrado por emoções reprimidas, sensação de desligamento dos outros ou diminuição do interesse por atividades importantes; e

c) diversos sintomas físicos, como distúrbios do sono e deterioração da memória.

Medo e ansiedade

A ansiedade e o medo podem constituir fortes reações emocionais nessas crianças. Na perspectiva das pessoas não envolvidas, essas duas reações emocionais são geralmente indistintas, manifestando-se comportamentalmente por meio da apreensão, tensão física e vigilância. Para efeito de aconselhamento, porém, vale a pena estabelecer a distinção entre ambas.

No caso do medo, a ameaça ou perigo é conscientemente reconhecido e geralmente *externo*; em geral, os medos estão relacionados à violação física. Em contraste, a ansiedade está mais intimamente associada à violação psicológica e não envolve um perigo reconhecido conscientemente nem uma ameaça externa. Uma compreensão melhor da ansiedade pode oferecer pistas importantes para ajudar as crianças. Diferentemente do medo, a principal ameaça é *interna*, e as ameaças que provocam ansiedade estão relacionadas aos sistemas simbólicos (cognitivos) de idéias, valores e conceitos. Quando esses sistemas cognitivos são interrompidos ou perturbados, a criança sente-se insegura e impotente.

Suposições básicas (a visão de mundo da criança)

Em geral, crianças e adultos parecem desenvolver três suposições fundamentais a respeito do mundo:

a) ele é benevolente;
b) seus eventos são significativos; e
c) a identidade é positiva e valiosa.

Essas idéias foram desenvolvidas por Bowlby, Erikson e outros. Quando as necessidades de uma criança são atendidas no seu relacionamento com os responsáveis, ela desenvolve um senso de segurança e de relativa invulnerabilidade num mundo estável. Também desenvolve a auto-estima ao receber cuidados positivos e, geralmente, começa a acreditar que não está desamparada num ambiente hostil, mas que é um ser capaz e que os outros se preocupam com ela num mundo benevolente.

Não é difícil constatar que viver em contato próximo com um pai/mãe ou responsável que sofre de problemas mentais é uma experiência ameaçadora para essas suposições básicas de um mundo "controlável, confiável e justo".

Embora esses aspectos psicológicos de desenvolvimento possam parecer "abstratos", são muito importantes para o trabalho do professor. Essas crianças, cuja sensação de fraqueza e impotência é exacerbada diante das ações dos pais, tendem a experienciar sua impotência como humilhação, vergonha e perda de auto-respeito. Para ajudá-las, é importante estar consciente do prejuízo às suas "crenças básicas" e sua visão de mundo.

Enfrentando e "decifrando" reações

Para enfrentar os problemas anteriormente discutidos contamos com fatores bem conhecidos como: apoio social de outros membros da família, amigos, professores e outras pessoas. Os *hobbies* e os interesses exteriores em que a criança possa demonstrar perícia ou "controle", obtendo bons resultados, como os esportes, o teatro, o cuidado com um animal de estimação, e assim por diante, também podem ser extremamente úteis e positivos. A criança precisa também de um senso de continuidade, estabilidade e previsibilidade nas rotinas do dia-a-dia. As solicitações feitas a ela devem ser planejadas cuidadosamente para não ultrapassar as suas habilidades. Essas, a curto prazo, devem ser forçadas apenas o suficiente para a criança sentir-se valorizada e disposta a ir adiante.

Entretanto, num nível mais complexo, é importante que os professores conheçam o significado da palavra "lidar" no que se refere às "crenças básicas" ou "visão de mundo" descritas anteriormente. "Lidar" efetivamente significa começar a aceitar a ansiedade e suas manifestações emocionais, fisiológicas e comportamentais. Essa ansiedade reflete a ruptura das crenças básicas e visão de mundo (sistemas cognitivos) — e o caminho para a adaptação e a diminuição da ansiedade é a reconstrução e reorganização dessas crenças ou suposições básicas.

Assim, o foco principal é o mundo interno da criança e a sua reação a eventos traumáticos. Consideradas a partir dessa realidade interna, algumas atitudes "intrigantes" de "negação" podem ser naturais e necessárias, embora pareçam incompreensíveis e inadequadas na perspectiva das pessoas não envolvidas. A negação permite que a criança enfrente devagar e gradativamente a realidade de uma situação quase "insuportável", ajudando-a a adaptar-se enquanto constrói e reconstrói lentamente a sua visão de mundo para incorporar os traumas. Um exemplo disso é quando uma criança tem um sentimento positivo com relação a um pai/mãe violento(a), conseguindo manter a crença num ambiente benevolente no qual a sua própria segurança e proteção são maximizadas. A negação significa que o seu contexto parece relativamente benigno, de maneira que minimize os medos e a ansiedade associados à sua difícil situação. Isso é útil para ajudá-la enquanto está se adaptando ao reconhecimento de que as coisas não são benevolentes, significativas e justas.

Um outro fenômeno intrigante é a culpa e a auto-acusação. Ao se considerar culpada de alguma maneira, ela pode solucionar a questão das causas de ter sido ela, e não outra pessoa, a vítima da situação traumática. E, igualmente, a auto-acusação pode servir como um fator de adaptação para ajudá-la a minimizar suas percepções de vulnerabilidade — faz com que ela acredite que, se alterar seu comportamento no futuro, poderá impedir a repetição de qualquer evento desagradável provocado por ela.

Esses fatores relacionados aos mecanismos de defesa da criança são importantes para protegê-la enquanto está tentando manter a estabilidade cognitiva, e até que possa criar gradativamente uma visão de mundo adaptada. Assim, é importante que qualquer orientação ou apoio não destrua ou modifique prematuramente as suas percepções — ao contrário, escutar, escutar e, então, escutar mais, e não questionar as perspectivas temporárias da criança enquanto sua cognição se altera e se desenvolve.

Conclusões e recomendações

Nos capítulos anteriores e posteriores desse livro há excelentes orientações para oferecer apoio às crianças nos períodos de transtornos emocionais. Particularmente relevantes são os detalhes apresentados no capítulo sobre luto, que não serão mencionados aqui; portanto, os professores devem consultar essas orientações.

Além disso, e particularmente para as crianças que enfrentam problemas de saúde mental de um dos pais, é importante que as seguintes orientações sejam enfatizadas:

1. Se possível, providencie para que alguém que conheça bem os problemas de saúde mental (membro da equipe de tratamento — talvez a enfermeira ou o psicólogo) tenha a oportunidade de conversar com a criança, explicando-lhe a natureza da doença do pai/mãe e afirmando que ela não é responsável pela doença. Ofereça toda e qualquer oportunidade para a criança expressar suas preocupações (mesmo por meio de um comportamento estranho) e, se necessário, realize várias sessões para que ela compreenda a informação.
2. Se houver hospitalização, os esforços para manter a ligação pai/mãe-criança por meio de telefonemas ou cartas podem ajudar a manter a integridade desse relacionamento com o progenitor(a), em nome do interesse da criança.
3. Todas as oportunidades para que a criança se desenvolva em áreas nas quais seja bem-sucedida, esteja no controle e envolvida em atividades que aumentem a sua auto-estima, devem ser buscadas assiduamente — ou mesmo "fabricadas".
4. Reconhecer e encorajar a necessidade crucial de apoio por parte dos irmãos, amigos, do outro pai, parentes e outros adultos "significativos", equipe de ensino, vizinhos.
5. Reconhecer que é benéfico, do ponto de vista emocional e cognitivo, a criança revelar os seus problemas e receber orientação de apoio pela atenção aos seus problemas (ver item a seguir). Mas essa atenção e orientação não devem tentar direcioná-la de modo

algum, mas permitir a expressão e aceitação de questões não explicadas anteriormente.

6. Reconhecer o fato de que muitas crianças têm forte necessidade de evitar e negar os problemas de vez em quando, e respeitar essa defesa. Contudo, a criança deve saber que sempre haverá um ouvinte disponível se ela precisar. Entretanto, o bloqueio e a negação são formas de "lidar" em determinados estágios e devem ser reconhecidos como tal.

7. Os professores devem estar conscientes da natureza variante e duradoura do problema, ficando atentos para ajudar quando surgirem dificuldades inesperadas após períodos aparentemente "sem problemas".

Bibliografia

BUCKWALTER, K.; KERFOOT, K.; STOLLEY, J. (1988) Children of Affectively Ill Parents. *Journal of Psychosocial Nursing and Mental Health Services*, 26, pp.8-14.

GROSS, D. (1989) At Risk: Children of the mentally ill. *Journal of Psychosocial Nursing and Mental Health Services*, 27 (8), pp.14-9.

FISHER, S.; REASON, J. (1988) *Handbook of life stress, cognition and health*. Wiley & Sons.

RUTTER, M. (1985) Resilience in the Face of Adversity: Protective Factors and Resilience to Psychiatric Disorder. *British Journal of Psychiatry*, 147, pp.598-611.

Crianças com doenças que apresentam risco de vida

Annabel Martin*

Nesse capítulo, gostaríamos de examinar os diversos estágios de doenças que apresentam risco de vida e como eles afetam não apenas a criança, mas também a família e os adultos envolvidos. Gostaríamos de examinar o período antes do diagnóstico, o período no qual é feito o diagnóstico, o período de tratamento, o período de recuperação, assim como as situações em que não há recuperação, a maneira como nós podemos lidar com a morte de uma criança e ajudar os outros a suportá-la.

Pré-diagnóstico

A medicina está tão desenvolvida que o grupo de crianças com doenças potencialmente fatais é pequeno. Conseqüentemente, a experiência de lidar com elas é bastante restrita. Muitos professores poderão ter uma vida profissional inteira sem passar pela experiência de deparar com uma criança que tenha desenvolvido uma doença desse tipo, muito menos lidar com a morte de um de seus alunos. Muitas dessas doenças são tão raras que, com freqüência, os médicos parecem demorar em conseguir diagnosticá-las. Um médico também pode exercer a profissão pela vida inteira sem jamais encontrar uma criança ameaçada de morrer em virtude de uma doença. Algumas vezes, os pais e os membros próximos da família não percebem os sintomas iniciais, da mesma forma que outros adultos, mas normalmente os pais se apercebem de que houve uma mudança marcante de comportamento ou que existem sintomas

---

* Profissional sênior de serviço social pediátrico no Conselho do Condado de Somerset; trabalha no NHS de Staunton e Somerset.

físicos claros que precisam ser informados ao médico. Algumas vezes, os pais precisam brigar com os profissionais para convencê-los de que o filho deve ser submetido a outros exames médicos. Para os profissionais, eles podem parecer excessivamente ansiosos. Como todos sabemos, a maioria das crianças pode atravessar fases nas quais parecem estar letárgicas, desatentas, mal-humoradas, retraídas ou hiperativas. A forma de lidar com a grande maioria desses comportamentos é ajudar a criança a se adaptar a outras crianças e a situações sociais, ainda que muitas vezes os adultos possam ficar zangados e impacientes com ela, chegando a criticá-la e puni-la. Algumas vezes, o comportamento não responde à prática normal de técnicas comportamentais e, então, procura-se aconselhamento médico. Na maior parte desses casos, não se descobre nenhuma razão física para o comportamento em questão, e a criança passa a precisar de cuidados e regras consistentes para viver. Entre as crianças com problemas de conduta, sempre haverá um grupo muito pequeno no qual são encontradas razões físicas para determinado comportamento e, ocasionalmente, uma criança com uma doença muito grave.

O período do diagnóstico

A boa prática da medicina sugere que os pais devem ser informados sobre todos os exames aos quais o filho está sendo submetido. Na verdade, há ocasiões em que os médicos não informam claramente aos pais que os exames visam verificar a existência de uma doença que apresenta risco de vida, porque sabem que as chances de que a criança tenha essa doença são tão pequenas que acabam não querendo preocupar os pais desnecessariamente. Como conseqüência, quando o diagnóstico é informado aos pais, isso pode causar um choque muito grande. Mesmo que estejam preparados para receber um diagnóstico ruim, naturalmente ficarão em estado de choque ao ouvi-lo. Pessoas distintas reagem de forma diversa: algumas falam sobre o assunto, enquanto outras não querem sequer falar a respeito. Normalmente, assim que o diagnóstico é apresentado, os pais e toda a família iniciam uma atividade frenética para providenciar um tratamento intensivo para a criança e, com isso, não têm tempo ou energia emocional para lidar com o choque inicial. Além dos aspectos práticos que envolvem diretamente a criança, seus empregos e a permanência com esta no hospital, também precisam lidar com o envolvimento dos outros filhos e a maneira como serão cuidados. Na maioria das situações, os familiares e amigos íntimos são rapidamente informados da situação.

Com freqüência, os médicos são informados por telefone acerca do médico que está realizando os exames. A primeira coisa que os professores ficam sabendo é que a criança está ausente e o motivo da ausência. Muitas vezes, essa informação é comunicada um pouco antes de o professor entrar na sala de aula e, então, ele tem pouco tempo para lidar com os próprios sentimentos de choque e perplexidade.

O professor, como os outros adultos, fica triste, chocado e incapaz de compreender a situação. Novamente, como acontece com outros adultos, pode haver sentimento de culpa por ele não ter notado diferenças significativas na criança, muitas vezes sentindo-se culpado por ter repreendido-a quando ela apresentou um comportamento inaceitável ou incomum. Num mundo ideal, o professor deveria ter a oportunidade de discutir o assunto com os colegas profissionais. Infelizmente, como a vida escolar é agitada, há pouco tempo para isso e, em decorrência da pouca experiência com crianças com doenças graves, pode haver uma falta de compreensão por parte dos colegas. Comentários brandos podem ser feitos com o professor que tem contato mais estreito com a criança, dizendo que ela pode melhorar ou que ele não precisa se preocupar com a maneira como a tratou, e assim por diante. A realidade é que o professor não tem motivo porque censurar a si próprio por ter repreendido a criança depois de ter descoberto que ela está doente. Nós só podemos nos comportar com os outros baseados naquilo que realmente sabemos sobre eles, e, como o professor não podia saber que a criança estava doente, na verdade teria errado agindo de outra maneira. O professor precisa de ajuda para compreender que a culpa que ele está sentindo é uma reação muito natural ao choque e ao sofrimento antecipado. Nesse estágio, ele precisa receber o máximo de informações precisas sobre a doença da criança, o prognóstico para ela e o tipo de tratamento ao qual deverá ser submetida. Quando ele tiver essas informações, poderá discutir a maneira como informar os colegas dela sobre o diagnóstico, com o consentimento dos pais.

Várias pessoas podem ajudar nessa tarefa. Informações precisas podem ser obtidas diretamente com os pais. Com a sua permissão, a escola pode procurar o assistente social do hospital em que a criança está recebendo tratamento. Se o professor não teve oportunidade para obter o consentimento dos pais, o assistente social sempre poderá obtê-lo antes de discutir a condição de saúde da criança. O assistente social deve estar sempre disposto a comparecer à escola para discutir a situação com o professor e com quaisquer outros colegas envolvidos com a criança, compartilhando informações com as demais, de maneira adequada. Em alguns hospitais, há enfermeiras pediátricas de plantão. Elas estão capacitadas para prestar ajuda à escola.

Lidando com a criança doente durante o tratamento

Obviamente, há diversas maneiras de tratamento das crianças, de acordo com sua doença. Em geral, ocorre um período inicial no hospital, enquanto são definidos o diagnóstico e o tratamento adequados. Esse período pode variar de uma ou duas semanas a muitos meses. Pode haver também alternância entre hospital, escola e, de novo, hospital para tratamento — às vezes bastante intensivo.

Independentemente do tempo que a criança permaneça hospitalizada, a escola e os amigos são de importância vital, não apenas para manter o progresso educacional, mas também para continuar a ajudá-la a se sentir parte de um grupo social e também para manter a sua própria identidade. A prática de fazer os colegas da classe criar e enviar cartões individuais para ela é muito importante para qualquer criança doente — e de grande significado para uma muito doente. O envio sistemático desses cartões torna-se cada vez mais relevante, já que a criança sente que está se afastando e, naturalmente, perdendo o seu lugar na escola e entre os amigos. Levando em consideração os sentimentos das outras crianças, é excepcionalmente benéfico para aquela que receber a visita dos amigos. Se possível, essas visitas devem ser bem preparadas, pois, algumas vezes, crianças que já são boas amigas ficam muito inibidas no ambiente estranho do hospital. A criança doente precisa ser informada do que está acontecendo na escola, dos jogos e brincadeiras que acontecem no *playground* e coisas interessantes que o restante da classe tem feito. Embora possa ficar triste por ter perdido algumas diversões, ao retornar pelo menos saberá o que está acontecendo na escola e com os seus colegas. Esse contato pode ser muito positivo para a criança doente, permitindo que ela ainda se sinta envolvida e amada.

Para oferecer à criança um quadro coerente, é preciso realizar um cuidadoso trabalho conjunto com os pais, com o objetivo de descobrir quais as explicações que eles deram a ela sobre a doença. A visita de um professor querido pode ajudar a criança a conversar sobre as suas ansiedades. Talvez ela não consiga discutir suas preocupações com os pais, ou com um assistente social, enfermeira ou equipe médica que acabou de conhecer. Para se preparar para essa eventualidade, o professor deve ter em mente a verdade da situação, a realidade que a criança é capaz de compreender e também estar preparado para ser honesto com ela dentro do contexto das explicações fornecidas pelos pais e pelos médicos. Sempre existe uma grande possibilidade de ninguém ter dito nada a uma criança que está com uma doença terminal; no entanto, ela sabe que sua doença é terminal. Ninguém deseja ser o portador desse tipo de informação para a criança, ainda mais um professor que sinta afeto e preocupação por ela. Se uma criança de fato pergunta se está morrendo e ninguém lhe contou, o que acontece normalmente é que as únicas pessoas capazes de responder à pergunta são os médicos e enfermeiros, portanto, o professor pode sugerir que ela converse com um médico em quem confie. Contudo, é perfeitamente aceitável que qualquer adulto reconheça para a criança que ela está gravemente doente. A ênfase seria colocada no fato de ela estar recebendo cuidados médicos muito bons que a ajudarão a melhorar, se isso for possível. Como conseqüência dessa afirmação, pode surgir outra sobre o que acontece com as pessoas quando elas morrem e aqui, novamente, é preciso que o professor tente dar uma noção coerente do que está acontecendo, de acordo com as crenças da família. Pode ser válido dizer que não sabemos exatamente o que acontece e talvez devolver a mesma pergunta para a criança para verificar quais são as suas crenças.

O fato de contar a uma criança que ela tem uma doença muito grave provoca não apenas angústia nos adultos, mas também muita divergência. Esta surge, em parte, do fato de que a possibilidade da morte de uma criança é o conceito mais difícil para um adulto aceitar. Tudo em nossa natureza é organizado para proteger e cuidar das crianças. Quando uma delas está gravemente doente, quer sejamos ou não os pais, sentimos que falhamos com ela na tarefa primordial de protegê-la. Pode haver sentimentos de raiva que, com freqüência, são projetados em outras pessoas como médicos, pais, professores e até mesmo na própria criança. A expressão aceitável da raiva contra adultos pode se concentrar na discussão sobre falar ou não à criança sobre a gravidade da sua doença. Ao contar a ela a realidade da situação, está-se admitindo que o mundo adulto fracassou na sua tarefa primordial de cuidar dela e de protegê-la.

No caso de a criança estar freqüentando a escola, é necessário compreender as suas limitações físicas e obter informações precisas sobre elas com os pais e nos serviços médicos competentes. Além disso, é preciso compreender o efeito global do tratamento sobre a criança. É preciso saber quando o comportamento dela está realmente sendo alterado pela medicação, e quando é alterado em virtude da incerteza do retorno à situação de sala de aula, do medo de ficar doente novamente, e também quando a criança está usando a doença para evitar fazer coisas que normalmente não gostaria de fazer.

O exemplo clássico é o da criança que desenvolve fortes dores de cabeça diante de um assunto de que não gosta. Ela está numa posição muito confortável para apresentar sintomas associados à doença. O professor pode sentir-se culpado por não ter identificado os sintomas num estágio inicial, no período antes do diagnóstico, mas deve pesar o fato de que a criança pode estar usando sintomas anteriores. Os sintomas devem ser relatados e verificados, mas é necessário elaborar estratégias para permitir que a criança ganhe confiança para lidar com a situação escolar, obtendo o máximo proveito.

Naturalmente, não é possível lidar com uma criança enferma de forma isolada. O professor tem a tarefa de explicar a situação para as outras crianças, de tal maneira que elas lidem adequadamente com o colega doente. A criança enferma precisa manter a sua identidade e personalidade, devendo ser reintegrada à classe tão rapidamente quanto possível. Por outro lado, podem surgir situações nas quais seja preciso lidar com a criança de maneira diferente daquela empregada antes do diagnóstico da doença. As crianças submetidas à cirurgia do cérebro, por exemplo, inicialmente podem exibir uma personalidade diferente daquela que tinham antes. Nesse estágio, podem ser capazes de lidar com as situações escolares, mas os colegas podem ficar confusos com uma aparente mudança na personalidade, que normalmente é apenas temporária. Os colegas precisam conviver com o fato de que a criança doente entra e sai do grupo, e precisam de ajuda nesse sentido. As explicações oferecidas para as outras crianças devem ser exatamente as mesmas oferecidas à criança, de tal forma que haja coerência ao conversarem sobre a doença.

Recuperação

Qualquer doença, seja qual for sua gravidade, tem algum efeito sobre a criança. As doenças com risco de vida têm um efeito profundo. No caso de adolescentes, eles precisam enfrentar a realidade da própria morte e a ansiedade provocada pelo tratamento. Com freqüência, já foram obrigados a passar por muita dor e sabem que terão de enfrentar ainda mais ao longo do tratamento. Esses problemas afastam-no da infância, levando-o para a vida adulta de maneira rápida e inesperada. Algumas vezes, os jovens que precisam enfrentar esses problemas têm dificuldade para se relacionar com o grupo de colegas, pois sentem que os interesses anteriores podem ser frívolos e irresponsáveis. Aprenderam mais do que a maioria de nós aprenderá em toda a vida acerca de si mesmos, e dos relacionamentos familiares, desenvolvendo estratégias para lidar com a situação; estratégias que a maioria de nós, adultos, nunca precisou utilizar.

Na adolescência, quando geralmente pensam em sair de casa, eles enfrentam situações conflitantes adicionais: amadurecem rapidamente em algumas áreas de sua vida, enquanto fisicamente tornam-se cada vez mais dependentes dos cuidados dos pais. As crianças e jovens com câncer ou leucemia costumam passar longos períodos com apenas um dos pais, e muitas vezes precisam dividir o quarto com a mãe durante semanas. A maioria dos jovens reconhece prontamente os conflitos gerados por essa situação, pois percebem a ansiedade dos pais e desejam estar com eles nos períodos de crise, em busca de apoio, mas, por outro lado, ainda querem manter sua privacidade. Essa diferença de experiências pode provocar tensões entre o jovem e seu grupo de colegas. Normalmente, à medida que o tempo passa, o restante do grupo consegue acompanhar o desenvolvimento do jovem doente. Os adultos, incluindo os professores, podem sentir-se ameaçados por ter de enfrentar a realidade da morte e a maturidade do jovem que passa por essa experiência.

Com freqüência, é difícil determinar exatamente quando uma criança se recuperou totalmente de determinada doença. Se uma criança teve meningite ou, menos comum, poliomielite, ou se sofreu um grave acidente de carro, então, naturalmente, o tempo de recuperação física pode ser identificado com mais clareza. No caso do câncer e da leucemia, os tratamentos duram dois anos e, depois disso, os exames devem continuar para assegurar que a doença não se manifeste outra vez. As crianças que tiveram uma doença física grave podem aparentar a tendência de evitar contato com outras pessoas para não contrair alguma outra infecção; as que sofreram algum acidente sério possivelmente se tornarão nervosas e assustadas. Em razão disso, os professores enfrentarão uma situação em que a criança que volta à sala de aula é diferente daquela que a deixou. Os colegas podem fazer perguntas, o que pode causar muito sofrimento para a criança se a doença tiver sido repentina e rapidamente curada, sem ter havido tempo suficiente para ajudá-la a lidar com algumas das implicações psicológicas da doença. Informações concretas sobre a probabilidade de a criança ficar novamente doente podem ser compartilhadas. Porém, essa criança perdeu a confiança básica na segurança da vida, fato que a maioria de nós não precisa enfrentar, a não ser muito mais tarde.

Como ocorre com a criança doente que está freqüentando a escola, aquela que se recupera pode continuar a apresentar sintomas preocupantes para os adultos. Assim, é importante que o professor trabalhe estreitamente com os pais, que estarão naturalmente ansiosos, e com a equipe médica, para identificar sintomas verdadeiramente preocupantes, sinais de transtornos emocionais subseqüentes ou mero "exagero".

Morte

No caso de morte de uma criança como desenlace de uma doença, a maioria dos adultos fica perturbada. É possível que ela continue freqüentando a escola até alguns dias antes de morrer. A equipe e as outras crianças podem ajudá-la na escola a continuar a aproveitar a vida até ficar inconsciente. Os colegas percebem que ela está muito doente, assim como a equipe pedagógica, e talvez isso ajude a lidar com o próprio sofrimento em torno da morte como resultado natural da doença e desconforto dessa criança. As outras crianças da família também podem levar a vida mais normal possível mas, novamente, é possível ajudá-las a compreender a realidade da situação e receber apoio de colegas uma vez que compreenderam como a criança estava enferma antes de morrer. Talvez a criança doente tenha afirmado para as demais que ninguém morre a não ser que exista uma boa razão física. Nas situações mais comuns, a equipe que esteve mais intimamente ligada a ela, como o professor da classe ou o diretor, pode tê-la visitado com freqüência até a sua morte. Seria bom que os outros membros da equipe e os alunos recebessem relatos sobre a sua condição. Nesse estágio, como nos outros, é importante que a pessoa que traz as notícias compreenda o processo da doença para explicá-lo às outras. Na época da morte, elas farão muitas perguntas e isso deve ser incentivado. Elas não devem ser desencorajadas a falar com irmãos e irmãs sobre a criança morta. Na verdade, é importante referir-se a ela como alguém de quem todos sentem falta e que partilhou dos momentos felizes na sala de aula. A conseqüência nefasta de não permitir uma atmosfera em que se fala regularmente da criança morta é que as outras crianças da classe comecem a questionar seu próprio valor, caso desapareçam da escola. Se a equipe pedagógica estiver encontrando dificuldade para lidar com o fato, sempre é possível buscar conselho com o assistente social, com a enfermeira da pediatria do hospital ou com o serviço de psicologia educacional.

As regras para lidar com crianças portadoras de doenças que apresentam risco de vida são, na realidade, basicamente aquelas que se aplicam a todas as circunstâncias. O principal é que os adultos que lidam com elas tenham a oportunidade de analisar os próprios sentimentos e crenças, descobrindo como podem enfrentar essa situação difícil com honestidade, compaixão e integridade, permitindo que a criança doente, bem como os colegas e seus irmãos ou irmãs, continuem a alcançar o seu potencial pleno durante e após a doença.

Bibliografia

ALEX, M. & B. (1983) *Grandpa and me.* Lion.
FABIAN, A. (1988) *The Daniel diary.* Grafton.
HEEGAARD, M. (1988) *Facilitated guide for when someone very special dies.* Woodland Press.
_____. (1988) *When someone very special dies.* Woodland Press.
HUNTER, M. (1975) *A sound of chariots.* Fontana Lions.
LITTLE, J. (1985) *Mama's going to buy you a mockingbird.* Penguin.
OAKHILL, A. (1988) *Supportive care for the child with cancer.* Wright.
SMITH, D. B. (1986) *A taste of blackberries.* Penguin.
STICKNEY, D. (1984) *Waterbugs and dragonflies.* Mowbray.
WASS, H.; CORR, G. (1984) *Helping children cope with death — guidelines and resources.* Hemisphere.

Apoiando a criança enlutada na escola — sentindo-se perdida?

David Knapman*

Introdução

Na Grã-Bretanha, cerca de cinqüenta crianças sofrem a morte de um dos pais a cada dia e um número muito maior sofre a perda por morte de outros membros da família, amigos ou animais de estimação. As outras formas significativas de perda, por exemplo, separação ou abandono, atualmente são lugar-comum em nossa sociedade, levantando a questão sobre ajuda e orientação práticas que podem ser oferecidas aos professores que tenham de apoiar alunos em tais circunstâncias. Qual é a coisa certa a dizer quando uma criança sofre a morte de um dos pais? O que devemos fazer e quais são as maneiras de lhe dar apoio? O curioso é que poucos professores recebem treinamento formal sobre como ajudar crianças a lidar com o luto ou a perda, de modo que não nos surpreende a afirmação de que a morte se tornou o maior tabu do século XX; por mais "mortes" que as crianças possam ver na televisão, ela não é mais *experienciada* como o evento comum que costumava ser, digamos, na era vitoriana. Os níveis reduzidos de mortalidade infantil, a melhora no atendimento médico, as melhores condições sociais e o menor número de guerras nos fazem esperar que pessoas em número cada vez maior possam desfrutar uma expectativa de vida normal. Quando a morte ocorre, a remoção e os cuidados com o corpo são atualmente realizados com grande eficiência clínica, o que significa que menos pessoas têm a probabilidade de ver, tocar ou experienciar diretamente a morte de alguém. Num nível mais filosófico muitos afirmariam que, na sociedade atual,

---

* Psicólogo educacional sênior no Conselho do Condado de Somerset.

os valores espirituais diminuíram diante do crescente materialismo e, com o ritmo acelerado da vida e a nossa crescente preocupação com o viver e os estilos de vida, podemos estar perdendo o senso vital e harmonioso de nossa própria mortalidade. É paradoxal que o mundo seja tantas vezes retratado cheio de violência e as crianças vejam a morte na televisão e nos jornais, embora, na realidade, a sua experiência da morte seja menos real do que a dos seus antepassados. Numa época na qual a ciência e a tecnologia nos permitem assumir o controle de nossa vida, a morte talvez tenha-se tornado um tabu por sua insistente inevitabilidade, sobre a qual não temos nenhum controle.

Os Estados Unidos foram os primeiros a incluir aulas de estudos sobre a morte no currículo escolar, embora nesse país o assunto tenha recebido pouca atenção. Seja por sua natureza proibida ou simplesmente porque nas movimentadas salas de aula os professores tenham tantas outras coisas com que se ocupar, é improvável que a psicologia da perda e do luto passe a ter uma posição prioritária nas nossas escolas. Muitas pessoas acham que as crianças são mais adaptáveis do que os adultos e se recuperam rapidamente dessas perdas; mas, de acordo com Bowlby, a noção do luto breve das crianças é bastante incorreta. Embora o aconselhamento, como habilidade, possa ser obviamente praticado e aperfeiçoado, seria triste e errado se a equipe de ensino das escolas deixasse de ajudar as crianças necessitadas só por não ter sido "treinada". A opinião geral é a de que a morte e o luto não devem ser desenvolvidos excessivamente como matéria acadêmica nem se transformar em território de especialistas, mas que devem sempre ser considerados como um processo, basicamente normal e natural para o qual as nossas reações instintivas como profissionais de ajuda podem nos guiar muito. Esperamos que as orientações a seguir reforcem esta visão do senso comum e colaborem para que os professores se sintam mais confiantes para oferecer ajuda nessa área tão importante.

Estágios do luto

Ao falarmos sobre o luto é comum nos referirmos a "estágios" importantes pelos quais geralmente as pessoas passam após uma perda séria. Porém a criança, assim como o adulto, é um indivíduo particular e nem sempre atravessa esses estágios tranqüilamente ou numa sucessão linear clara. O "estágio" final de reconstrução, por exemplo, nunca é concluído como um "estágio", e a implicação de que o luto venha a ser um problema finalmente "superado" pode, na verdade, ser tanto agressiva quanto imprecisa; muitas pessoas enlutadas sentem, justificadamente, que jamais irão superar a perda e que seria até mesmo errado fazê-lo. Também é comum que os estágios iniciais do luto, aqueles marcados por reações emocionais particularmente intensas, sejam reativados posteriormente na vida, por exemplo, por outras perdas, datas de aniversário, períodos de estresse, e assim por diante. Os pais e professores não devem ficar ansiosos pelo fato de uma criança aparentemente não percorrer todos os estágios reconhecidos do luto. Essa preocupação pode ser transmitida para a criança, que pode pensar: "Às vezes eu me sinto deprimida, às vezes zangada, às vezes triste, mas as pessoas parecem esperar que eu sinta outras coisas, portanto, como eu *devo* me sentir?". As crianças precisam saber que está certo ter sentimentos confusos, os quais, com freqüência, acompanham a perda de alguém próximo e que isso é uma parte normal do sofrimento. Algumas crianças, assim como alguns adultos, podem sofrer recolhidas, e talvez seja isso que ocorre quando uma criança parece não estar expressando nenhum dos sentimentos associados a determinado "estágio".

Os quatro principais estágios do luto citados com mais freqüência

Choque. Esse estágio é caracterizado por uma negação emocional total, muitas vezes não compreendida pelas outras pessoas, que podem comentar que a pessoa está lidando "bem" com a perda. Na verdade, a pessoa está funcionando numa espécie de piloto automático e pode executar a rotina normal diária, porém como se fosse um sonho. Esse período do inicial de choque pode durar algumas horas ou semanas. O pai de Mary morreu certa manhã e o restante da família ficou surpresa porque Mary não apenas quis ir à escola como sempre, mas por ter insistido em ir à discoteca na mesma noite!

Raiva e sensação de injustiça. Esse estágio é caracterizado pelo sentimento "por que eu?" ou "por que nós?". A pessoa sente raiva e talvez precise acusar ou culpar alguém. Na escola, a criança pode ter acessos de raiva periódicos ou ficar excessivamente irritada com os amigos ou o professor. É uma necessidade emocional e provavelmente não será receptiva à lógica. Nesse estágio, também podem surgir sintomas físicos como problemas de digestão, sono e concentração. Pode haver experiências sobrenaturais ou a sensação de que a pessoa não está realmente morta, o que pode ser uma maneira de "negar" o que aconteceu.

Tristeza, sofrimento e saudade. Durante esse estágio prolongado, os sentimentos predominantes são depressão e solidão, podendo haver uma necessidade compulsiva de reviver o passado e repassar eventos recentes como uma forma de assimilar emocionalmente o que aconteceu. A pessoa enlutada pode querer ficar sozinha, chorar, reler cartas, olhar fotografias, lembrar; é uma parte importante do luto que pode ser vivida de maneira muito privada.

Reconstrução. Aos poucos, a vida começa a ter sentido ou propósito novamente e, em geral, no final do primeiro ano há indícios de uma atitude de esperança renovada.

A escola como um sistema de apoio

É importante que a criança enlutada, para quem o mundo parece ter desmoronado de repente, adquira uma sensação de controle e segurança. A importância de uma rotina previsível e o papel da escola para oferecê-la ficam muito claros. A vida escolar, com suas horas de intervalo, reuniões, rostos familiares e rituais diários, pode dar um senso crucial de que a vida continua, de que o mundo não está desmoronando. Em algumas famílias, o luto pode desencadear uma série de mudanças — de casa, de escola, de emprego, novos amigos — e, assim, a perda principal torna-se efetivamente composta de uma série de perdas adicionais. Em alguns casos, podem ser necessárias ou inevitáveis mas, do ponto de vista da criança, o excesso de mudanças pode intensificar os sentimentos de desamparo ou de que as coisas estão além do seu controle.

Portanto, os professores devem estar conscientes de que a previsibilidade da vida escolar, a sua rotina, rituais e familiaridade podem ter um valor intrínseco e, assim, dar apoio à criança que sofreu uma perda, em particular quando a vida em casa estiver mergulhada num turbilhão temporário. Em termos de relacionamentos pessoais, a criança que, em casa, talvez esteja sendo obrigada a se adaptar à situação de ser agora um filho único ou membro de uma família com apenas um dos pais, pode ser tranqüilizada sentindo-se o membro do mesmo grupo de colegas na escola. Ao julgar essas questões, uma conversa com um pai ou parente próximo sobre a perda e seu impacto na criança pode ajudar o professor a compreender o que aconteceu, as implicações para o futuro e a cooperação necessária para oferecer um apoio consistente.

O papel do professor

O professor confrontado com uma criança enlutada precisa, inicialmente, ter expectativas realistas sobre o que deve e pode ser feito para ajudar. Os sentimentos de impotência como espectadores, que todos nós costumamos sentir nesses momentos, são normais; gostaríamos de poder acabar com o sofrimento, melhorar a situação da criança, e somos tentados a dizer "não chore... não fique triste"; mas o sofrimento e a tristeza devem ser considerados como parte da reação normal de luto. Um importante princípio no trabalho com pessoas enlutadas é o de que o nosso papel como apoiadores é ajudar a pessoa enlutada *em* sua dor e não procurar eliminá-la ou evitá-la. No trabalho de aconselhamento é freqüente afirmar que aquilo que se *é* é tão importante quanto aquilo que se *faz* e o papel do professor é estar presente, apoiar, escutar, cuidar, amparar e ser uma fonte de força e estabilidade.

Em muitos casos, após uma morte na família, a criança talvez se ausente da escola durante algum tempo. Isso possibilita ao professor ou orientador conversar com os alunos a respeito do que aconteceu e sobre o que pode ser feito para ajudar. Cada membro do grupo reage individualmente, de acordo com as próprias experiências com a morte e o luto; o professor sensível deve ficar atento a outras crianças que também possam ter sofrido alguma perda, e que ainda tenha sentimentos profundos, reprimidos, reconhecendo que elas também precisam de conforto. Outras crianças da classe podem estar com medo de perder uma pessoa amada e talvez queiram conversar sobre a própria situação. O mais provável é que, como um grupo, as crianças esperem uma orientação do professor a respeito de como *ser* e sobre o que fazer, o que dizer e como oferecer apoio. Talvez a classe possa criar e assinar um cartão coletivo. Esse é um ritual simples que todas as crianças compreendem, podendo ajudá-las a se sentir menos impotentes, envolvendo-as em algo positivo. Outras talvez queiram escrever algo mais pessoal e particular. Peça aos alunos para não sobrecarregarem a criança com excesso de compaixão quando ela voltar às aulas. A solidariedade tranqüila, algumas palavras de conforto e depois a normalidade básica são o que a maioria das crianças deseja. Com freqüência as crianças enlutadas temem ser evitadas pelas outras e perder a sua amizade. Diga-lhes isso. Encoraje os colegas a não evitá-la simplesmente porque estão constrangidos ou por não saberem o que dizer, e enfatize como isso pode ser doloroso. A maioria das crianças enlutadas quer ser tratada da forma mais normal possível e ser incluída no que está acontecendo. Reafirme para a classe que não é errado, e que é até normal elas e os adultos não saberem o que dizer. Explique que algumas crianças desejam falar sobre sua perda e outras não.

Se, à medida que o tempo passar, uma criança decidir conversar com você sobre a sua perda, isso naturalmente é um privilégio. Tente não se preocupar demais com relação a dizer a coisa errada. Seja atencioso, escute cuidadosamente e ofereça conforto. O luto é um processo normal e universal, não um assunto exclusivo de especialistas, nem um assunto a ser hiperteorizado ou hipermedicalizado. Lembre-se de que a maior parte da ajuda e orientação é feita por pessoas comuns.

Finalmente, é claro, o professor deve estar atento em relação à criança que tende a fazer observações cruéis. É um fato curioso que nem todas as crianças sejam gentis e solidárias com a criança enlutada, e, na verdade, possam ser abertamente cruéis e capazes de observações insensíveis e que podem gerar mágoas. Essas crianças podem ter sido magoadas elas próprias ou ter inseguranças profundas. Nesses casos, o papel do professor é estar vigilante, identificar essas crianças e interferir quando necessário.

Linguagem

Geralmente, no trabalho de aconselhamento e, com certeza, naquele que se refere ao luto, todos precisamos ter um grande respeito pela linguagem — a capacidade que as palavras certas têm para ajudar, ou as palavras erradas para magoar. Com freqüência diz-se que as observações filosóficas ou banais não ajudam nada. Comentários como "anime-se" , "não chore", "você vai superar", "eu sei como você se sente" ou "a mamãe depende de você agora que ela não tem mais o papai" provavelmente demonstram mais uma preocupação com os *nossos* sentimentos do que com os da criança. Inconscientemente, talvez queiramos negar que uma criança esteja sofrendo a dor da perda. As pessoas de luto, jovens e idosas, muitas vezes se ofendem com a idéia de que se espera que elas "superem" a perda ou de que alguém realmente saiba como estão se sentindo.

As crianças podem ser muito literais no uso e compreensão da linguagem. Como adultos, muitas vezes usamos eufemisticamente imagens e palavras ao falarmos sobre a morte mas, para as crianças pequenas, que podem interpretar as nossas palavras de forma literal, há o risco de provocarmos o desenvolvimento de fantasias prejudiciais. As crianças tendem a usar a imaginação para preencher as lacunas na compreensão. Peter, por exemplo, estava confuso porque o "corpo" do avô ia ser enterrado e queria saber o que aconteceria com o restante dele — a cabeça, os braços e as pernas! Katy desenvolveu uma ansiedade relacionada com a hora de dormir depois que o seu cãozinho foi levado para "dormir". Precisamos perguntar que tipo de imagens transmitimos para as crianças pequenas com a nossa linguagem — que tipo de "ataque" é um ataque cardíaco? — e como se "vai para o céu"? O que exatamente aconteceu quando tia Mabel foi "levada" embora e o tio Tom se foi? E como o bisavô "foi perdido" na guerra?!

Em lugar nenhum as limitações da linguagem são mais visíveis do que quando falamos com crianças sobre o céu e Deus. As crianças, com a sua natural falta de inibição, muitas vezes querem saber exatamente como é o céu, por que Jesus quis que o papai ficasse com ele e por que elas também não podem ir. Que roupas as pessoas vestem no céu e será que chove lá? Essas conversas podem levar a grandes confusões metafísicas, deixando-nos irremediavelmente presos nas teias que nós mesmos construímos! Em vez de nos arriscar, é importante que as crianças saibam quando atingiram um ponto no qual as respostas para suas perguntas não são conhecidas. As crianças bem pequenas irão respeitar a honestidade intelectual que, algumas vezes, exige que digamos "Eu não sei a resposta para a sua pergunta... Algumas pessoas acreditam em 'x', algumas acreditam em 'y'... Ninguém sabe com certeza... Você precisa decidir no que vai acreditar..." Nesse ponto, é melhor encorajá-las a desenvolver as próprias idéias e crenças em vez de lhes dar respostas precisas que podem não ser corretas ou honestas.

Identificando sentimentos

Após uma perda significativa, crianças e adultos podem experienciar uma confusão de sentimentos, os quais irão da tristeza e depressão até a culpa e a raiva. É impossível prever exatamente como uma criança pode reagir. O processo de luto é um assunto individual e grande parte dele ocorrerá interna ou particularmente. Em geral, o professor não deve esperar um conjunto predeterminado de reações. A criança pode estar mais quieta ou mais predisposta a acessos de raiva. O choro pode ser desencadeado por eventos aparentemente triviais ou haver uma irritabilidade maior. Algumas vezes, existe a necessidade de *descarregar* em alguém ou alguma coisa. Embora algumas crianças possam piorar no desempenho escolar após uma perda, outras podem mergulhar no trabalho como uma forma de distração ou para fugir da realidade da perda. O professor deve demonstrar paciência, bondade e compreensão. As crianças muito pequenas podem não ter a fluência verbal necessária para articular os seus sentimentos e alguém — em geral um dos pais — deve gentilmente ajudá-la a colocá-los em palavras e dar uma explicação simples sobre o que aconteceu e sobre o que pode estar sentindo. Auxiliar a criança a identificar e rotular os sentimentos corretamente também pode ajudá-la a sentir cada vez mais que tem controle da situação. Quando a linguagem está ausente ou é inadequada para expressar os sentimentos, muitas crianças demonstram o que sentem de modo mais primitivo, de diversas maneiras, por meio de jogos, pinturas, sonhos ou comportamento. As crianças mais velhas são capazes de conversar com amigos íntimos, manter um diário ou escrever poesia e um professor afetuoso pode oferecer oportunidades no programa escolar para que elas expressem alguns dos seus sentimentos.

Educação inicial e a formação de atitudes

A capacidade de uma criança para sofrer e lidar com uma perda significativa será parcialmente determinada pelas suas experiências e pelas atitudes moldadas anteriormente em sua vida. Os professores de crianças pequenas podem ajudar de modo significativo nesse processo preparatório, em particular se tiverem uma atitude madura com relação à morte e forem capazes de falar sobre isso de maneira simples, honesta e confiante. As crianças precisam aprender que a morte é um assunto válido sobre o qual podemos conversar. Há pouca dúvida de que algumas crianças, por não receberem respostas para suas perguntas, ou por terem recebido respostas ásperas ou acompanhadas de um sentimento ambíguo, aprendem que a morte é realmente um assunto proibido, sobre o qual é melhor não falar. Mas os pais e professores capazes de responder a perguntas de maneira simples e honesta ajudam a dissipar o medo e estimulam uma atitude saudável, não apenas dando informações, mas transmitindo a própria atitude positiva sobre o assunto. As crianças também precisam aprender o que *significa* estar "morto" e isso requer experiência direta, bem como conversar a respeito. Devemos mostrar para as crianças cujo animalzinho de estimação morreu ou que descobriram um pássaro morto no jardim que é correto (tendo o devido cuidado com a higiene) tocar, segurar e acariciar essas criaturas. As crianças que ouvem "não toque" ou "não chegue perto" ou que descobrem que o seu animal de estimação foi descartado sem cerimônia e às escondidas, aprendem algo muito diferente daquelas cuja família providencia uma cerimônia simples de enterro e expressam juntos os sentimentos de perda.

Educando crianças sobre a morte e o luto

No curso normal da vida escolar, haverá oportunidades para que os professores reconheçam e expliquem a morte para as crianças como um acontecimento normal, natural. Dessa maneira, os possíveis sentimentos "proibidos" associados à morte podem ser substituídos pelo conhecimento, crenças racionais e uma atitude aberta, saudável, ajudando as crianças a lidar melhor com as perdas pessoais quando elas ocorrerem mais tarde em sua vida. As maneiras pelas quais esse processo pode ser encorajado incluem:

- considerar a morte ou o luto como eventos naturais, a serem discutidos abertamente;
- ser um bom modelo, como professor, em termos de atitudes com relação à morte e perdas sérias;
- explicar como a morte de plantas, animais e seres humanos pode ter características positivas associadas aos processos de evolução, regeneração e desenvolvimento de crenças religiosas relacionadas à vida após a morte;
- responder às perguntas das crianças de maneira simples e honesta;
- dar informações básicas e eliminar fantasias comuns;
- descrever e explicar os diversos sentimentos que acompanham a perda e o luto e como as pessoas podem reagir de maneira diferente;
- mostrar como as pessoas podem se ajudar e apoiar mutuamente em momentos de tristeza;
- explicar como os rituais, cerimônias, fotografias e momentos podem ser maneiras importantes de compartilhar e lembrar;
- encorajar as crianças a desenvolver um sistema pessoal de crenças; e
- permitir que as crianças compartilhem, sensivelmente, as suas experiências, pensamentos e sentimentos sobre morte ou perda.

No curso normal da vida escolar haverá muitos incidentes e ocasiões em que o professor sensível poderá oferecer informações e reconhecer os diversos sentimentos gerados pela perda, separação ou luto. Haverá oportunidades para mostrar que precisamos ter consideração pelos sentimentos das outras pessoas, sendo gentis e prestativos quando os outros estão tristes. Quem já ouviu crianças pequenas falando sobre a morte está familiarizado com a sabedoria muitas vezes contida nesses comentários, como aquele feito por Julie, de oito anos: "Só porque ele (seu irmão) morreu não significa que precisamos deixar de amá-lo", ou por Steven, de seis anos, que disse: "Eu ainda converso com Rusty (o cão) e é como se ele ainda estivesse vivo".

Bibliografia

BOWLBY, J. (1979) *The making and breaking of affectional bonds.* Tavistock Publications.

KFIR, N. (1989) *Crisis intervention verbatim.* Hemisphere Pub. Corp.

KÜBLER-ROSS, E. (1970). *On death and dying. Tavistock Publications.*

KREMENTZ, J. (1986) *How it feels when a parent dies.* Victor Gollancz.

WELLS, R. (1980) *Helping children cope with grief.* Sheldon Press.

Organizações especializadas em apoio e trabalho com o luto

Laboratório de Estudos e Intervenção sobre o luto — LELu, da PUC-SP.
Rua Monte Alegre, 981, Perdizes, São Paulo, SP
Coordenação: Maria Helena Pereira Franco Bromberg

Quatro Estações — Instituto de Psicologia
Alameda Lorena, 678, casa 5, Jardim Paulista, São Paulo, SP
CEP 01424-000

Serviço de Atendimento Psicológico da PUC-RS
Avenida Ipiranga, 6.681, prédio 17, Porto Alegre, RS
Contato com Janice Vitola e Nely Klix Freitas

Grupo de Apoio ao Pós-óbito Infantil, Hospital Araujo Jorge
Goiânia, GO
Coordenação: Patrícia Marinho Gramacho
Grupo Pós-óbito, Hospital Araujo Jorge, Goiânia, GO
Coordenação: Telma Noleto Rosa e Edirrah Gorett B. Soares

Leitura recomendada

PARKES, C. M. (1998) *Luto* — Estudos sobre a perda na vida adulta. São Paulo: Summus.

---

* Este capítulo, bem como os dois próximos, foram revisados pela dra. Maria Helena Pereira Franco Bromberg, coordenadora do Laboratório de Estudos e Intervenções sobre o Luto — LELu, PUC-SP.

Suicídio:
a perda indescritível

Pippa Alsop*

Eu amava o meu pai. Por que ninguém em casa me contou como ele realmente morreu? Por que os meus amigos na escola souberam antes de mim?

Michael, 12 anos

Introdução

As pessoas enlutadas como resultado de um suicídio correm maior risco de um luto patológico. Esse tipo de morte é socialmente inaceitável, o que significa que pode haver pouco ou nenhum apoio para aqueles que estão sofrendo. Um véu de segredo cerca a verdadeira causa da morte e os fatores que contribuíram para ela. Na verdade, o suicídio talvez seja a perda mais indescritível, deixando aos enlutados um legado de vergonha, medo, rejeição, raiva e culpa. O suicídio levanta a questão sobre a prioridade que damos à vida e transgride as nossas suposições básicas. Não é raro as pessoas que tiraram a própria vida serem lembradas apenas por esse fato e não pelas outras coisas que fizeram durante a vida.

Há muitos motivos para o suicídio, que pode surgir de maneira totalmente inesperada, ou durante uma doença mental, ou ainda durante períodos de constante dor física ou emocional experienciada por toda a família. As pessoas que perdem alguém por suicídio podem achar que estão sendo punidas. Com freqüência, se perguntam: "Por que ele ou ela fez isso comigo? O que eu fiz para merecer isso? Por que ele ou ela me

---

* Ver p.29.

135

abandonou?" O suicídio desafia o valor da própria vida e coloca um ponto de interrogação nos tabus contra o ato de tirar a própria vida.

Fatos e estatísticas

Estima-se que, a cada duas horas, alguém na Grã-Bretanha cometa suicídio. Em muitos países, o suicídio é uma das dez principais causas de morte. Em 1988, as estatísticas oficiais demonstraram que cerca de 4.300 pessoas cometeram suicídio na Inglaterra e no País de Gales. Muitas delas tinham menos de 25 anos de idade. Essas estatísticas baseiam-se nos relatos de magistrados encarregados de investigar mortes suspeitas e podem não constituir um quadro preciso. Alguns magistrados podem ter menos inclinação do que outros para dar veredictos de suicídio porque desejam proteger as famílias daquilo que é considerado um veredicto indesejável e constrangedor, e que muitas vezes recebe uma publicidade negativa e chocante.

Crianças sobreviventes de suicídio parental

Em decorrência da dificuldade de muitos adultos para falar sobre a morte e, em particular, sobre o suicídio, não surpreende que as crianças, geralmente, saibam pouco ou nada sobre a maneira como o pai ou a mãe morreu. Mesmo quando algo lhes é dito, as informações podem não ser uma versão precisa dos acontecimentos. Por causa do estigma, a família muitas vezes diz para a criança não falar sobre a morte e não contar o que sabe.

Muitas vezes, as crianças são afastadas de casa após um suicídio ou ficam sob os cuidados de parentes ou amigos, não tendo a oportunidade de comparecer ao enterro ou de descobrir o que realmente aconteceu; com freqüência, juntam as peças ouvindo as conversas dos adultos. Estes, e particularmente os pais, devem perceber que as crianças precisam receber informações honestas e compreensíveis.

A situação de Michael explica o problema que as crianças quase sempre precisam enfrentar na ocorrência de um suicídio. Michael tinha doze anos quando o pai morreu. Mais tarde, durante o aconselhamento, ele contou como voltou da escola para casa uma tarde e viu uma ambulância saindo de lá. Lembrou que havia grande agitação e que foi recebido pela tia; esta lhe disse que ele e a irmã mais nova iriam ficar com ela por alguns dias porque o seu pai estava doente e a mãe precisava ficar com ele no hospital. Só no dia seguinte lhe contaram que seu pai morrera de um ataque cardíaco. Dois dias depois, ele voltou à escola, mas ainda estava morando com a tia quando escutou alguns amigos dizendo que tinham ouvido falar que o pai de Michael se matara na garagem de casa.

Anos mais tarde, nas sessões de aconselhamento, ele relata as lembranças vívidas dessa época e o efeito que tiveram no relacionamento com a mãe que, antes da morte do pai, era de extrema confiança e proximidade. Sentiu ter recebido até certo ponto a ajuda de um professor, mas não o da sua classe, o qual ele agora descreve como incapaz de lidar com a situação. O professor que veio em seu auxílio foi alguém que passara por uma experiência semelhante e lhe permitiu falar a respeito dos seus sentimentos de raiva e da sua sensação de abandono. Ele mencionou a enorme sensação de isolamento durante o restante de sua vida escolar e a mudança de atitude dos colegas em relação a ele. Falou sobre como os professores foram insensíveis, muitas vezes falando sobre suicídio de maneira superficial e fazendo piadas a respeito de pessoas mortas.

Michael, como pessoas que precisam conviver com o suicídio, precisou da ajuda de especialistas. Os professores devem saber disso ao tentarem ajudar crianças na escola, embora possam contribuir muito percebendo o sofrimento emocional, os sentimentos de culpa e raiva e a extrema e inevitável sensação de abandono de uma criança que perde um pai por suicídio.

As experiências de Michael não são incomuns. As crianças geralmente são afastadas de casa após um suicídio e ficam sob os cuidados de parentes distantes ou vizinhos. Muitas vezes, não têm a oportunidade de ir ao enterro ou descobrir o que realmente aconteceu. Como Michael, juntam as peças ouvindo outras conversas. Muitas famílias não conseguem enfrentar o estigma de ter de conviver com um suicídio. Geralmente, mudam de casa e de escola. Como David Knapman ressaltou anteriormente, a necessidade de manter a rotina de uma criança é de vital importância. A criança que perde não apenas um dos pais, mas todos os seus sistemas de apoio de uma só vez, pode se sentir devastada, e sofrer efeitos de longo prazo.

Irmãos sobreviventes do suicídio

Por causa da crescente incidência de suicídio no grupo de pessoas com menos de 25 anos de idade, não será uma experiência incomum para alguns professores cuidar de crianças cujo irmão ou irmã tenha cometido suicídio.

Para a família, essa pode ser a perda mais devastadora. Para os pais, essa perda é uma reviravolta de todos os acontecimentos naturais e o fim de todas as suas esperanças e aspirações para o futuro dos filhos. O fato de que uma criança possa ter escolhido morrer deixará alguns pais na situação mais trágica que eles jamais terão de enfrentar. Portanto, grande parte da atenção estará focalizada neles e os irmãos podem ser esquecidos.

Há poucas pesquisas sobre o efeito do suicídio em irmãos ou irmãs e existem poucos serviços de apoio a eles, embora algumas organizações como a *Cruse Bereavement Care* e a *Compassionate Friends* estejam tratando esse problema em algumas de suas filiais no país.

Haverá muitas implicações fortes para as crianças que perdem um irmão por suicídio. Como já descrito, elas podem ser excluídas da atividade iniciada logo após a morte. Podem ouvir as conversas de adultos, ser excluídas do funeral e mantidas sob o véu de segredo.

Os processos de luto da criança são determinados em grande parte pela maneira como a fase de impacto é enfrentada, pelo fato de ser ou não excluída, pela existência ou não de outros irmãos — "Só restei eu?, Será que terei de cuidar dos meus pais?".

Mais particularmente, a qualidade do relacionamento da criança com o irmão ou irmã morto terá um efeito no processo de luto. Esse pode ser um aspecto muito importante, especialmente se o relacionamento era difícil. A criança pode se sentir esmagada por um sentimento de responsabilidade pelo que aconteceu, por culpa ou sensação de estar sendo punida.

"Eu devia ter sido mais delicada com ele. Eu não tive a intenção de dizer aquelas coisas horríveis." Jane, oito anos.

Uma vez que a criança corre o risco de ser um sofredor esquecido pela família, as pessoas que fazem parte da sua rotina normal e, especialmente os professores, desempenham um papel importante para lhe oferecer apoio. Os sentimentos da criança podem ser muito profundos, como já descrito, e ela precisará de conforto e apoio.

Uma criança de catorze anos, cujo irmão tinha cometido recentemente suicídio, estava com medo de voltar à escola porque temia que os colegas a ridicularizassem. A família procurou o diretor da escola e ele lidou com a situação conversando com os colegas dela e falando sobre a morte. Isso facilitou muito a sua volta para a escola e lhe proporcionou apoio.

Maneiras para ajudar crianças enlutadas pelo suicídio

Provavelmente, em algum momento durante a sua carreira, os professores encontrarão crianças que perderam um dos pais ou um irmão por suicídio. A morte é geralmente inesperada e chocante, portanto as famílias não apenas ficarão com uma lista interminável de perguntas sobre a morte, como os professores podem se sentir imobilizados e incapazes de saber como responder às crianças sob seus cuidados. David Knapman sugeriu, no capítulo anterior, que os professores podem estar numa posição fundamental para ajudar as crianças enlutadas e, necessariamente, não precisam de habilidades específicas para o aconselhamento. No caso do suicídio, realmente precisam ter a capacidade para reconhecer que, muitas vezes, os membros da família não são honestos com a criança. Os professores devem estar atentos aos sinais de aviso e informar os pais ou responsáveis sobre qualquer comportamento incomum que a criança possa estar apresentando. É importante reconhecer que a criança pode ter sentimentos muito profundos, já identificados no capítulo sobre luto, alguns dos quais podem estar intensificados, particularmente a raiva, a culpa e a sensação de abandono. O professor também pode ficar chocado com o que aconteceu e, se preciso, deve buscar ajuda e apoio de profissionais.

Lembre-se de que as crianças enlutadas por suicídio estarão chocadas e terão dificuldade para acreditar que a morte realmente ocorreu. Se os pais tiverem tentado proteger os filhos deixando-os fora das conversas e rituais, a criança pode ficar ansiosa, confusa, sentindo-se sozinha, punida e abandonada.

A criança será beneficiada pela manutenção das rotinas normais e é importante que os professores ofereçam um ambiente em que ela possa se sentir encorajada a falar sobre a morte e expressar os seus sentimentos com confiança. É fundamental conversar com ela numa linguagem compreensível, bem como ouvir o que ela tem a dizer. Se tiver dificuldade de expressar verbalmente os seus sentimentos, procure maneiras de ajudá-la mediante jogos, desenhos ou pintura. Vale a pena focalizar os sentimentos relacionados à sensação de abandono e culpa. Algumas crianças acham particularmente benéfico relacionar-se com um membro da equipe em quem elas confiam e passa a lhes dedicar algum tempo regularmente.

É importante que os professores mantenham boas ligações com a família e dêem um *feedback* adequado aos pais, com relação às dificuldades que possam surgir com a criança.

Também é importante o professor lembrar que o processo do luto pode demorar muito tempo e que é muito normal a criança expressar sentimentos tão intensos quanto os dos adultos. Se a reação e o comportamento daquela estiverem preocupando a equipe de ensino, é fundamental buscar conselhos de profissionais. Os psicólogos educacionais, psicólogos clínicos e os assistentes sociais podem ter experiência para ajudar as crianças enlutadas por suicídio e ser muito úteis na ajuda e no apoio à equipe de ensino.

Anna

Anna Dinnage mora em Devon e tinha dez anos quando Jon, seu irmão de dezenove anos, morreu de repente e em circunstâncias trágicas, em julho de 1991. Para Anna, seus pais e seu irmão mais velho Simon, essa foi uma perda devastadora.

Anna precisou enfrentar não apenas a morte de Jon, mas a mudança de escola para a escola pública local, apenas algumas semanas depois. Tanto Jon quanto Simon haviam freqüentado a mesma escola alguns anos antes.

Anna é uma pessoa notável, que lidou surpreendentemente bem com a perda de Jon e com o efeito dessa perda em toda a família. Passou momentos difíceis na escola, em especial quando a morte era mencionada ou quando alguém fazia uma observação superficial.

Um professor em quem Anna confiava lhe deu muito apoio, estando disponível sempre que ela precisava conversar.

Os poemas a seguir foram escritos por ela, que, como outras crianças enlutadas, descobriu que a poesia ajudava a expressar a sua dor.

Sentimentos[1]

Nunca sonhei algo tão ruim
Tanta raiva lá no fundo
Tão longe, longe assim
Relacionado com tudo no mundo.

Nunca pensei chegar a isso
Tristeza e um turbilhão de idéias.
Agora penso, agora espero
Que ele tenha conseguido o que queria.
Glória suprema.

---

1. **Feelings**
Never dreamt of anything so vile, / So much anger deep inside / And so far, many a mile, / In connection with everything. // Never thought it would come to this, / Sorrow and churning of whirling of thoughts. / Now I think, now I hope he's got what he wanted, / Utter bliss.

Eu mesma[2]

Aqui estou olhando no espelho vendo
Uma concha criança que deve ser eu!

Se eu fosse o criador, e todos criasse
Eu me faria assim como sou, vivendo na terra como estou

Esse corpo de robô não tem nada a ver comigo!
Alguém fez minha alma aqui dentro cheia de riso —
A minha personalidade.

Quando vamos embora, para o lar celestial
Deixamos os corpos, só levamos a alma no final.
Portanto, não chorem por mim, ainda temos os sonhos de ontem.
E as lembranças logo serão reveladas.

---

2. **Myself**

I stand and gaze, into a mirror and see / A small human shell child that is meant to
be me! // If I was the creator, and made everyone, / Yes I'd make me like me, and on the
Earth we'd live on. // This body of a robot has nothing to do with me! / Somebody made
my soul inside that is full of laughter — / my personality. // When we move on, to our
new heaven home / We leave our bodies and take our souls on their own // So don't cry
for me, we still hold the dreams of / yesterday, / And the memories will all soon unfold.

Bibliografia

DOWNEY, A. (1987) *Dear Stephen* —um diário escrito para Stephen por sua mãe. Arthur James.

HEEGAARD, M. (1988) *When someone very special dies.* Woodland Press.

PARKES, C. M. (1986) *Bereavement: studies of grief in adult life.* Routledge. (Publicado no Brasil pela Summus, em 1991, sob o título *Luto* — Estudos sobre a perda na vida adulta.)

PINCUS, L. (1976) *Death and the family. The importance of mourning.* Faber & Faber.

RAPHAEL, B. (1985) *The anatomy of bereavement.* Hutchinson.

WERTHEIMER, A. (1991) *A special star.* Routledge.

Organizações especializadas em apoio e trabalho com o luto

Laboratório de Estudos e Intervenção sobre o luto — LELu, da PUC-SP.
Rua Monte Alegre, 981, Perdizes, São Paulo, SP
Coordenação: Maria Helena Pereira Franco Bromberg

Quatro Estações — Instituto de Psicologia
Alameda Lorena, 678, casa 5, Jardim Paulista, São Paulo, SP
CEP: 01424-000

Serviço de Atendimento Psicológico da PUC-RS
Avenida Ipiranga, 6.681, preedio 17, Porto Alegre, RS
Contato com Janice Vitola e Nely Klix Freitas

Grupo de Apoio ao Pós-óbito Infantil, Hospital Araujo Jorge
Goiânia, GO
Coordenação: Patrícia Marinho Gramacho
Grupo Pós-óbito, Hospital Araujo Jorge, Goiânia, GO
Coordenação: Telma Noleto Rosa e Edirrah Gorett B. Soares

Crianças enlutadas por morte violenta

Jean Harris Hendriks*

Durante muitos anos Dora Black, consultora do serviço de psiquiatria da infância e adolescência no Royal Free Hospital, e seus colegas Jean Harris Hendriks e Tony Kaplan estudaram várias crianças enlutadas pela morte de um dos pais assassinado pelo outro (Black *et al.*, 1991). Nós atendemos, pessoalmente, mais de uma centena de crianças, das quais 90% perderam a mãe pelas mãos do pai. Inicialmente, algumas nos foram encaminhadas por causa do interesse de uma de nós (Dora Black) pelo luto, outras vieram porque tínhamos conhecimento das questões legais envolvendo crianças e adolescentes. Com freqüência, nos eram pedidos conselhos acerca de onde as crianças deveriam morar, se deveriam visitar o pai na prisão e sobre questões relacionadas aos benefícios sociais. Familiarizamo-nos com a crescente literatura sobre os efeitos de tragédias na vida das crianças e a elevada incidência, até então não reconhecida, do distúrbio de estresse pós-traumático como resultado dessas tragédias.

Essas crianças representam apenas a ponta do *iceberg* dos testemunhos de violência, incluindo estupros, em seus próprios lares. A partir de um estudo cuidadoso do nosso grupo de crianças, esperamos lançar alguma luz sobre esta vasta área de sofrimento doméstico tão implacável e, com freqüência, não reconhecido. Ao considerarmos em especial a relação entre o distúrbio de estresse pós-traumático e o luto, buscaremos esclarecer o sofrimento de crianças enlutadas por outras formas de morte violenta: por exemplo, aquelas que testemunharam o assassinato

---

* Psiquiatra consultor para questões relativas a crianças e família no Serviço de Saúde Comunitário em South Bedforshire.

de um dos pais por outros meios criminosos violentos, terrorismo ou guerra.

Esperamos que as histórias de algumas crianças, e as referências que obtivemos ao tentar compreender o seu sofrimento, ajudem os profissionais que lidam com as necessidades de crianças enlutadas por morte violenta. Esse capítulo enfatiza a violência cometida pelo homem, uma vez que as pesquisas mostram que as tragédias provocadas pelos nossos semelhantes são as que geram mais sofrimento.

As histórias das crianças

Mark e Anna

Uma história característica, que não se baseia apenas numa única criança, mas em muitas tragédias que nos descreveram, poderia ser a de Mark e Anna, de seis e quatro anos de idade, respectivamente. Na noite do seu aniversário, Mark saiu correndo de casa em busca dos vizinhos. Agia de forma incoerente, e, quando foram até a sua casa para descobrir qual o problema, eles encontraram sua mãe morta por estrangulamento.

Dois meses após a morte da mãe, as crianças foram encaminhadas para uma avaliação psiquiátrica. Até aquele momento, estavam morando na mesma cidade, com amigos íntimos da mãe. O pai fora detido logo após a morte da esposa, estava na prisão, e, a conselho de seu advogado, estava pronto a se declarar culpado por homicídio culposo e queria que as duas crianças fossem morar com sua mãe viúva até ele poder cuidar delas.

Os avós maternos das crianças estavam gratos por um plano elaborado pelos assistentes sociais chamados na época do assassinato, segundo o qual a família com quem as crianças estavam lhes proporcionaria um lar permanente. Era uma família de amigos da mãe das crianças que havia oferecido sua ajuda em caráter de emergência e agora queriam cuidar delas como sentiam que a mãe teria desejado.

Fomos procurados para dar a nossa opinião sobre se as crianças deviam ou não visitar o pai na prisão, e se seria melhor que ficassem com os amigos da mãe, para que pudessem manter contato freqüente com os avós e outros parentes do lado materno. Ou se o plano do pai, de levá-las para morar com sua própria mãe seria melhor. Havia uma preocupação relacionada com as dificuldades que precisariam enfrentar se permanecessem na cidade onde a mãe morrera e continuassem na mesma escola.

Começamos tentando descobrir o que as crianças eram capazes de compreender sobre essa crise em suas vidas. Fomos informados de que

146

eram crianças extremamente fáceis de cuidar, dóceis, boas e bem-comportadas e que continuavam na mesma escola, onde todos tinham muito cuidado para não falar nada sobre o que acontecera, para não perturbá-las. A família que queria cuidar delas também tomava muito cuidado para não perturbá-las, não falando nada que pudesse lembrá-las do seu passado recente.

John e Jane

John e Jane tinham nove e dez anos de idade, respectivamente, quando o pai espancou a mãe até a morte. Depois, atirou-se na frente de um carro e, quando conhecemos as crianças, o pai estava numa sala de recuperação cirúrgica, com boas chances de sobreviver e ser acusado de assassinato.

As crianças foram levadas para a casa da irmã de sua mãe, que tinha dois filhos, a 300 quilômetros de distância.

O que acontece a seguir

Quando as crianças perdem um dos pais pelas mãos do outro, na verdade perdem os dois. Em geral, também perdem o acesso ao lar, brinquedos, bens e trabalhos escolares, pois normalmente a casa é ocupada pela polícia. As crianças podem ser a única fonte de informações sobre o crime, sobre parentes que podem cuidar delas e sobre a vida familiar antes da tragédia.

Comumente, esses crimes são cometidos em casa, na frente das crianças, em seu bairro ou entre parentes. Com freqüência, ocorrem em ocasiões importantes para a família, durante visitas após o divórcio ou separação dos pais ou em datas como aniversários, Natal, Ano-Novo e outras festas religiosas. Todas as rotinas familiares às crianças desaparecem e, então, elas ficam como náufragas nas águas das investigações. Muito raramente dormem em casa na noite do crime, a não ser nas situações em que a morte foi ocultada e não é descoberta durante algum tempo, como algumas vezes acontece.

Essas crianças são invisíveis. Quando começamos o nosso projeto, percebemos que os registros do Home Office[1] sobre pessoas acusadas de assassinato e homicídio culposo não continham nenhuma informação sobre as crianças. Os psiquiatras e outros especialistas que avaliam o assassino acham que cabe a eles cuidar dessas questões, bem como do conceito de responsabilidade diminuída e do prognóstico sobre o risco ou não de outro crime violento. Os serviços de condicional realmente levam em consideração as famílias dos criminosos e supostos criminosos, mas não têm recursos nem registros que permitam a identificação das crianças vítimas de crime familiar. Muitas das crianças em nosso estudo eram desconhecidas para o departamento de serviço social.

Mas esses crimes não são incomuns. As estatísticas do Home Office sobre homicídio doméstico indicam que entre 1982 e 1988, em casos envolvendo uma esposa, companheira ou amante houve um total de 164 mulheres que foram acusadas de assassinato e treze de homicídio culposo; e durante o mesmo período, 753 homens foram acusados de assassinato e 32 de homicídio culposo. A maioria desses crimes foi cometida no ambiente doméstico e envolve mulheres jovens em idade reprodutiva. O número de crianças que vêem a mãe ou o pai serem assassinados por outras formas de violência é desconhecido.

O distúrbio de estresse pós-traumático

Em primeiro lugar, é preciso pensar nesse conceito porque as crianças traumatizadas não podem iniciar o luto, e assim não podendo, sua capacidade para manter ou criar relacionamentos de confiança fica prejudicada. Recorremos ao trabalho de Pynoos e seus colegas (1984, 1986, 1987 e 1988). Os estudos realizados nos Estados Unidos analisam diversos tipos de violência testemunhados por crianças e os seus efeitos. Terr (1979 e 1981) estudou crianças que, durante uma viagem escolar, foram seqüestradas, aterrorizadas e abandonadas num ônibus escolar enterrado no solo. Terr (1991) nos dá uma descrição resumida e precisa sobre o conceito de trauma na infância.

No Reino Unido, Parry-Jones (1990) e seus colegas estão estudando os efeitos em crianças do desastre do avião da Pan Am que caiu na cidade de Lockerbie em dezembro de 1988. Yule *et al.* (1990 a, b) estudaram os efeitos em crianças do naufrágio da balsa do Herald of Free Enterprise em Zeebrugge, na Bélgica, em 1987, e do desastre de outubro de 1988, quando um barco com adolescentes de uma escola naufragou no Mediterrâneo, colocando suas vidas em perigo e provocando um medo terrível e justificável.

Todos esses trabalhos são recomendados aos professores em particular, uma vez que a maioria se refere a crianças em idade escolar e, em parte, avalia os efeitos de tragédias sobre elas.

O distúrbio de estresse pós-traumático (DEPT) é definido, no manual estatístico e de diagnóstico revisto da Associação Psiquiátrica Americana (AMA, 1987), como se segue:

1. Existência de um fator de estresse conhecido, que pode evocar sintomas significativos de estresse em quase todas as pessoas.
2. Reviver o trauma. Isso pode ser indicado pela presença de pelo menos um dos sintomas abaixo:
   a) recordações recorrentes e invasivas do evento;
   b) sonhos recorrentes do evento; e
   c) agir ou sentir repentinamente como se o evento traumático estivesse se repetindo por causa de uma associação com um estímulo ambiental ou imaginado.
3. Entorpecimento das reações ou diminuição do envolvimento com o mundo externo, começando algum tempo após o trauma, como demonstrado por pelo menos um dos seguintes sintomas:
   a) diminuição marcante do interesse em uma ou mais atividades importantes;
   b) sentimentos de alheamento ou indiferença pelas pessoas; e
   c) efeito de constrição.
4. Pelo menos dois dos sintomas a seguir, que não estavam presentes antes do trauma:
   a) estado hiperalerta ou reação exagerada de sobressalto;
   b) distúrbio do sono;
   c) sentimento de culpa por ter sobrevivido quando outros não conseguiram, em relação ao comportamento exigido para sobreviver;
   d) deterioração da memória ou problemas de concentração;
   e) abstenção de atividades que despertem lembranças do evento traumático; e
   f) intensificação de sintomas por exposição a eventos que simbolizam ou lembram o evento traumático. (Ver Saigh (1988) para uma discussão da validade do DSM III 1980 com relação às crianças.)

A versão revista do manual admite o diagnóstico de DEPT só depois de um intervalo de 28 dias a partir do evento traumático.

Estresse pós-traumático na infância

O conceito foi elaborado por conversas diretas com crianças. O que os trabalhos sobre tragédias mencionados anteriormente têm em comum, e é confirmado pela nossa pesquisa com crianças submetidas à violência doméstica, é o fato de que os adultos envolvidos, pais, outros responsáveis, assistentes sociais, professores, médicos, advogados, não compreendem que as crianças também estão sofrendo como os adultos, já que ninguém consegue conversar com elas a respeito.

Vejamos o caso de Mark e Anna: apesar de ambos estarem em casa quando a mãe foi morta, estrangulada pelo pai, ninguém sabia o que eles haviam visto ou ouvido porque ninguém lhes perguntou. Nem mesmo Mark, que correu para fora da casa, mudo e aos prantos, teve oportunidade de contar o que se passara. Quando lhe pediram para fazer um desenho sobre o que aconteceu naquela noite, ele foi capaz de fazê-lo, bem como de descrever a cena vividamente. Só muito depois, no decorrer da terapia, é que Mark começou a chorar pela mãe e a expressar o horror e a raiva por não ter conseguido protegê-la. As duas lembranças mais terríveis de Anna eram as de que "Mamãe engoliu a sua língua" e do odor resultante da evacuação involuntária da mãe na hora da morte. De repente, a prisão de ventre habitual de Anna desde a morte da mãe adquiriu um significado, bem como os seus repetidos desenhos de arco-íris contendo apenas a cor vermelha.

Anna e Mark conservaram algumas das suas roupas e brinquedos, mas as fotografias e outros bens ainda estavam na casa. A avó paterna ficou com a chave e a casa continuaria trancada até se chegar à decisão sobre o local onde as crianças iriam morar. Anna e Mark ainda ficaram sob a guarda legal do pai durante meses após a sua prisão.

Princípios para a prática

Começamos a formular esses princípios a partir do nosso trabalho e daquilo que as crianças nos ensinaram.

1. Na nossa opinião, nos casos de crianças enlutadas em virtude da violência familiar, resultando na prisão do responsável legal, acusado de um crime, **o Estado deve agir como pai.** Preferimos o antigo acordo de tutela, o qual, infelizmente, não está mais em vigor para as autoridades locais. Contudo, na Inglaterra e no País de Gales, os procedimentos de custódia na estrutura do Estatuto da Criança (1989) podem ser eficazes, desde que tais casos sejam considerados muito sérios, a ponto de exigir as habilidades e o conhecimento de um tribunal superior. A primeira providência é cuidar imediatamente das crianças. Deve-se fazer o máximo possível para obter os brinquedos e os bens familiares. Entendemos que a polícia precisa ter acesso ao lar para obter provas, mas não

consideramos necessário privar as crianças de suas necessidades imediatas. É importante também que os seus brinquedos, bens e trabalhos escolares não lhes sejam negados no decorrer das batalhas entre os dois lados da família. Da maneira que for possível, pode ser correto os parentes próximos cuidarem das crianças durante a crise, mas devemos lembrar que, quase inevitavelmente, há um conflito entre as famílias do pai e da mãe. O fato de as crianças ficarem com os parentes de um ou do outro lado pode ter alguns efeitos nas informações que elas recebem a respeito da morte, bem como na definição dos parentes que continuam a ter acesso a elas. Além disso, os parentes que se tornam pais por acaso (Brinich, 1989) estão por sua vez enlutados, possivelmente traumatizados e enfrentando exigências emocionais e financeiras conflitantes. Por exemplo, quando John e Jane mudaram para a casa da tia, a 300 quilômetros de distância, ficaram sob os cuidados de uma parente que também estava dominada pelo luto e pela raiva diante daquela morte prematura, além de estar grávida e ser mãe de duas crianças com menos de cinco anos de idade. Ela e o marido não receberam nenhum auxílio financeiro para enfrentar essa nova responsabilidade e, na verdade, durante mais de um ano não conseguiram ter acesso à casa das crianças. O avô paterno das crianças manteve a chave em seu poder e negou qualquer acesso, pois esperava que o filho fosse considerado inocente e reassumisse o seu papel parental.

As alocações de emergência não deveriam tornar-se permanentes automaticamente.

2. Em nossa pesquisa sobre tragédias, aprendemos que **essas crianças precisam ser estimuladas a relatar sua experiência.** Das trinta que atendemos e que haviam testemunhado o crime, 27 apresentavam DEPT. Duas delas nos foram encaminhadas três dias após o crime e foram ouvidas; acreditamos que isso ajudou a diminuir os sintomas do estresse traumático. Histórias retrospectivas mostram que muitas outras crianças tinham pesadelos, efeito de constrição, culpa por terem sobrevivido quando outros não conseguiram e todos os outros sintomas relacionados anteriormente, mas que não foram reconhecidos ou identificados na época da tragédia.

O maior obstáculo, repetimos, é a extrema relutância de todos os envolvidos em perturbar ainda mais as crianças. O que acontece é que elas se tornam obedientes e desligadas, e o seu entorpecimento é um alívio para os adultos que estão, por sua vez, enlutados, zangados e confusos. Assim ninguém descobre o que está acontecendo. Conversamos com crianças que tinham os mais terríveis pesadelos e estes eram totalmente ignorados por quem cuidava delas.

A aprendizagem também é afetada. Yule *et al.* (1990) descrevem como as meninas que estavam no Júpiter, o navio que naufragou no Mediterrâneo, e tinham cerca de catorze anos na época do acidente, durante os dois anos seguintes apresentaram um déficit marcante no desempenho escolar. Na época do acidente, elas estavam bem acima da média e "afundaram até quase atingir a média". Essas meninas brilhantes ainda tinham um desempenho aceitável e ninguém percebeu que estavam bem abaixo do seu próprio potencial.

3. **As crianças devem ter permissão para se enlutar.** Recorremos ao trabalho de Lansdown e Benjamin (1985) sobre o desenvolvimento do conceito da morte em crianças. A principal tarefa, particularmente com as pequenas, é dar apoio aos adultos e ajudá-los a lidar com o sofrimento delas, permitindo que participem dos processos familiares do luto. Com freqüência, as pessoas nos perguntam se as crianças devem ver o corpo — essa realidade pode ser útil, tanto para elas quanto para o adulto, para facilitar o luto (Cathcart, 1988) — e se devem comparecer ao enterro ou a outra cerimônia semelhante (Weller *et al.* 1988).

4. As crianças que testemunharam uma morte violenta **devem ser avaliadas** por um serviço experiente de saúde mental infantil **para verificar a presença ou ausência do distúrbio de estresse pós-traumático** e outros problemas associados, como ausência de sofrimento ou sofrimento patológico e estados de ansiedade crônica. Yule *et al.* (1990 e 1991) mostram que é possível ocorrer o desenvolvimento de outras ansiedades específicas à tragédia vivida por determinada criança. O relato sobre o episódio crítico de estresse (Mitchell, 1983; Pynoos,1986) deve ser complementado por um apoio cuidadoso por parte dos responsáveis e profissionais. As crianças que viram o corpo mutilado de um dos pais não são ajudadas pela recusa em se reconhecer essa realidade, nem pela falta de oportunidade para falar dos efeitos físicos da tragédia, da sua impotência, da sua raiva e da sua dor.

5. **Solicitação de compensação**: no Reino Unido, as crianças têm direito a receber compensação do Criminal Injuries Compensation Board [2] (CICB, 1989) pela morte de um dos pais por violência criminosa. Também podem processar o criminoso. As solicitações também podem ser feitas por pessoas com responsabilidade parental, em nome das crianças, incluindo o Departamento de Serviço Social ou o advogado agindo em seu interesse e, num período de até três anos após a maioridade, as próprias crianças podem fazê-lo.

É essencial que médicos, assistentes sociais e professores mantenham um cuidadoso registro para a execução efetiva dessas solicitações. Pode haver disputas relacionadas a seguros e apólices e outras propriedades da família e, geralmente, as crianças precisam ter um representante legal.

6. A alocação de emergência deve ser acompanhada de um **cuidadoso plano de urgência** no interesse das crianças, as quais, por esse motivo, também precisam de representação legal. As vantagens e desvantagens da alocação com parentes devem ser pesadas com muito cuidado: em especial, é importante não adiar essas decisões apenas porque o processo criminal contra o pai ainda não foi decidido. Até agora, a nossa experiência mostra que as alocações com menos êxito são aquelas com os parentes do pai, principalmente quando acreditam que estão simplesmente cuidando da criança para o pai, até a sua libertação. Estamos começando a descobrir evidências de conflitos muito graves que podem surgir em situações como essa. Serão necessários muitos anos até podermos obter dados adequados sobre as conseqüências a longo prazo para as crianças enlutadas dessa maneira (apesar de estarmos começando a obter algumas histórias dolorosas de adultos que, ao serem informados sobre o nosso trabalho, nos contaram as suas experiências após perdas semelhantes na infância). Na nossa opinião, será melhor o Estado poder continuar atuando como pai e guardião legal para crianças que vivem esse dilema, uma vez que as suas dificuldades não são de curto prazo nem circunscritas.

Intervenção da escola

Primeiramente, achamos correto que os professores sejam informados dessas tragédias na vida das crianças. Isso pode parecer apenas senso comum, mas vimos casos em que as famílias estavam tão ansiosas para proteger as crianças que, após mudanças de escola e de casa, ainda tentavam ocultar dos serviços de saúde e educação, no novo ambiente, todas as evidências do passado. Contudo, é mais comum que os professores saibam, mas, com freqüência, são tranqüilizados por relatos de que as crianças estão reagindo extraordinariamente bem, o que nem sempre é verdade.

É provável que elas compareçam à escola após uma noite de sono perturbado e estejam sofrendo com medo do escuro e de ficar sozinhas. Geralmente, quando estão quase adormecendo, naquele momento tranqüilo, é que ocorrem os *flashbacks* e lembranças invasivas da tragédia. As crianças de Zeebrugge recomendam ouvir música na hora de dormir, para ajudar a afastar os pensamentos assustadores nesse momento crucial.

Provavelmente, estão tendo muita dificuldade em se separar de quem estiver cuidando delas. Podem ficar muito apegadas e exigentes de maneira que se comportam, repentinamente, como se fossem muito mais novas do que sua idade real. Esse comportamento é particularmente difícil quando a pessoa com quem são mais apegadas, a mãe, é aquela que desapareceu. Os pais substitutos, que já carregam um fardo pesado, consideram esse apego muito difícil.

As crianças realmente demonstram mudanças no desempenho cognitivo e, pelo menos de vez em quando, como ocorreu com as crianças do Júpiter, isso foi documentado. Contudo, há diferença entre uma tragédia como essa, que afeta uma parcela da população escolar, e aquela que afeta apenas uma ou duas crianças, talvez irmãos que freqüentem classes diferentes. O conselho mais simples é reconhecer, desde o início, que as crianças enlutadas por violência doméstica não estão bem. Se estiverem se comportando como se nada houvesse acontecido, isso é um problema. Se são brilhantes e continuam executando as suas tarefas de maneira aceitável, dentro da média, isso pode significar uma queda considerável naquilo que são capazes de fazer. Podem estar seriamente prejudicadas em sua capacidade para confiar nas pessoas e criar relacionamentos de confiança. As crianças têm dificuldade de se lembrar das coisas e, algumas vezes, podem perder habilidades recentemente adquiridas, como no estudo de computação ou de símbolos.

Na escola, muitas apresentam concentração deficiente. Os pensamentos invasivos podem ocorrer nos momentos de silêncio na sala de aula, da mesma maneira como ocorrem antes de dormir. Elas podem achar que estão ficando loucas. Trabalhei com uma menina, vítima de estupro múltiplo, que estava aterrorizada pelas suas visões do ataque, muitas das quais ocorriam na escola, e que ficou extremamente aliviada ao receber o diagnóstico clínico de distúrbio de estresse pós-traumático. Isso tanto diminuiu o seu medo de estar esquizofrênica como lhe proporcionou uma estrutura compreensível, que lhe permitiu começar a entender a tragédia a que fora submetida. Ela teve muitos problemas na escola por causa do seu mau desempenho e isso não ocorreu por culpa dos professores: eles nada sabiam a respeito do estupro. Essa menina também estava enlutada, pois não podia mais morar com a família.

As crianças que são vítimas de violência causada por uma pessoa, conhecem bem o estigma de ter um crime na família e sabem que os adultos também ficam muito perturbados. Os dois lados relutam em conversar, pois as crianças não querem perturbar os adultos.

Elas também ficam isoladas porque não têm colegas com quem falar sobre a tragédia. Aquelas que vivenciaram tragédias como a do Júpiter, a de Lockerbie e a do seqüestro do ônibus, pelo menos estavam em grupo. As demais estão sozinhas. Podem estar fisicamente afastadas dos antigos colegas de escola e, emocionalmente, sentem um grande vazio.

Também ficam bastante atentas aos perigos, assim como aquelas que sofreram tragédias públicas. Abrir a porta da frente de casa, ir ao banheiro ou andar por uma determinada rua podem ser motivos de temores intensos, os quais, como mostrado por Yule (1990), podem levar ao desenvolvimento de ansiedades fóbicas bastante claras, persistentes e muito específicas.

Portanto, resumindo, os professores devem ficar atentos quando houver crianças que sofreram uma perda violenta. Elas estarão traumatizadas, provavelmente encontrando dificuldade para demonstrar o sofrimento, deslocadas, estigmatizadas e sob os cuidados de adultos que, possivelmente, estão sofrendo um trauma muito semelhante ou, se não houver parentes, podem estar sob os cuidados de pessoas estranhas. Talvez ninguém tenha contado aos professores ou tenha contado apenas um resumo simples do que aconteceu ou um relato otimista a respeito da adaptação e capacidade de recuperação das crianças. As que sofreram uma tragédia têm reações bastante consistentes conforme demonstrado por uma série de pesquisas clínicas realizadas nos últimos anos. Os professores que conhecem esse trabalho serão sensíveis à tragédia, pois ela afeta os seus alunos e a sua família.

Bibliografia

AMERICAN PSYCHIATRIC ASSOCIATION (1987) *Diagnostic and statistical manual of mental disorders*-DMS R, 3ª ed. Washington DC.

BLACK, D.; KAPLAN, T.; HARRIS HENDRIKS, J. (1991) Father kills mother: effects on the children. In: WILSON J. RAPHAEL, B. *The international handbook of stress*. Plenum Press, Nova York.

BRINICH, P. M. (1989) Love and Anger in Relatives who "adopt" Ophaned Children; Parents by Default. *Bereavement Care*, 8 (2) pp.14-6.

CATHCART, F. (1988) Seeing the Body After Death. *British Medical Journal*, 297, 1988, pp.997-8.

Criminal Injuries Compensation for children. (1989) Criminal Injuries Compensation Board. Londres & Glasgow.

LANSDOWN, R.; BENJAMIN, G. (1985) The Development of the Concept of Death in Children aged 5-9. *Child Care Health Education,* 11, pp.3-201.

MITCHELL, J. (1983) The critical incident stress debriefing process. *Journal of Emergency Medical Services*, 36, p.9.

PARRY-JONES, W. (1990) *Post disaster morbidity in children and adolescents. Identification and diagnosis.* University of Glasgow.

PYNOOS, R. S. (1986) Witness to violence: the child interview. *Journal American Academy of Child Psychiatry* n. 25 (3), pp. 306-19.

_____; FREDERICK C. e NADER, K. (1987). Life threat and post traumatic stress in school age children. *Archives of General Psychiatry,* 44, pp.1057-56.

_____; NADER, K. (1988) Psychological first aid and treatment approaches to children exposed to community violence. Research implicators. *Journal of Traumatic Stress*, 1 (4), pp.445-73.

TERR, L. (1979) The children of Chowchilla: a study of psychic trauma. *Psychoanalytic Study of the Child* n. 34, pp.547-623.

_____. (1981) Psychic trauma in children: observations following the Chowchilla bus kidnapping. *American Journal of Psychiatry* n. 138, pp.14-19.

_____. (1991) Childhood traumas: an outiline and overview. *American Journal of Psychiatry* n. 148, pp.10-20.

WELLER, E. B.; WELLER, R. A.; FRISTAD, M.A.; CAIN, S.; BOWES, J. M. (1988) Should children attend their parent's funeral? *Journal American Academy Psychiatry*, 17 (5), pp.559-62.

YULE, W.; WILLIAMS, R. M. (1990) Post traumatic stress reactions in children. *Journal of Traumatic Stress* n. 2, pp.279-95.

_____ UDIN, O.; MURDOCH, K. (1990) The Jupiter sinking: effects on children's fears, depression and anxiety. *Journal of Child Psychology and Psychiatry*, 31 (7), pp.1051-61.

Notas

1. O mesmo ocorre em nosso país, pois existe a cultura de ser investigado apenas o fato criminoso e a conduta delituosa propriamente ditos, eventualmente com apenas algum subsídio sobre os antecedentes das pessoas envolvidas e os motivos do crime. Nunca, pode-se dizer, existe um tratamento social do caso, um estudo sistematizado e interdisciplinar da situação social do ambiente em que vivem os protagonistas do delito, com investigações acerca das pessoas e seu círculo social para

medidas complementares de proteção e educação da população. Não existe no estado de São Paulo um órgão governamental destinado a receber e processar as denúncias e notícias de violência e abusos praticados contra a criança e adolescentes, salvo o Conselho Tutelar, que em muitos locais funciona precariamente e sem estrutura para proceder a investigações formais e estudos psicossociais dos casos, as delegacias de polícia e as Varas da Infância e da Juventude, de tal forma que os dados estatísticos que temos, divulgados por alguns estudiosos, são parciais e, como já foi dito, mostram apenas a ponta de um *iceberg*.

2. No Brasil não há uma entidade de seguro social que auxilie os jovens vítimas de violência, quando da morte de seus pais, ou de um deles.

Há seguridade social (INSS), com benefícios previdenciários para tais casos, mas de valores ínfimos e o seguro obrigatório por acidente de veículo (DPVAT), este de 40 salários mínimos. Mas na grande maioria dos casos as crianças e os adolescentes ficam completamente desassistidos porque, invariavelmente provenientes de classes de baixa renda, seus pais jamais contribuíram para a previdência social.

Organizações especializadas em apoio e trabalho com o luto

Laboratório de Estudos e Intervenção sobre o luto — LELu, da PUC-SP.
Rua Monte Alegre, 981, Perdizes, São Paulo, SP
Coordenação: Maria Helena Pereira Franco Bromberg

Quatro Estações — Instituto de Psicologia
Alameda Lorena, 678, casa 5, Jardim Paulista, São Paulo, SP
CEP 01424-000

Serviço de Atendimento Psicológico da PUC-RS
Avenida Ipiranga, 6.681, prédio 17, Porto Alegre, RS
Contato com Janice Vitola e Nely Klix Freitas
Grupo de Apoio ao Pós-Óbito Infantil, Hospital Araujo Jorge, Goiânia, GO
Coordenação: Patrícia Marinho Gramacho
Grupo Pós-Óbito, Hospital Araujo Jorge, Goiânia, GO
Coordenação: Telma Noleto Rosa e Edirrah Gorett B. Soares

---

* Este capítulo foi revisado pela dra. Maria Helena Pereira Franco Bromberg e pelo exmo. juiz Rodrigo Lobato Junqueira Enout, que analisou os aspectos especificamente jurídicos do tema.

Álcool

Haley Moore*

Mensagens confusas

Quase desde o início dos tempos, o álcool tem desempenhado um papel considerável em nossa cultura. Desde a descoberta da decomposição das frutas até a produção em massa de bebidas, o álcool acompanhou o nosso desenvolvimento antropológico. Nesse percurso, criou muitos dilemas morais, religiosos e sociais, e a sociedade atual tem atitudes e preocupações muito diversas com relação ao seu potencial. Nossos pontos de vista culturais sobre a droga tornaram-se muito confusos, particularmente por parte dos jovens. Enquanto um departamento do governo incentiva estilos de vida saudáveis e o consumo sensato de bebidas, outro gera rendas enormes por meio de impostos sobre o consumo de álcool, os quais, ironicamente, ajudam a financiar os custos fenomenais com doenças, acidentes e crimes relacionados ao álcool. Para a pessoa que bebe "socialmente", o álcool proporciona *status* — embora alguém que admita ter problemas de bebida geralmente seja enquadrado num estereótipo irreal, de um vagabundo deitado num banco de parque. Como adultos, pais e professores, muitas vezes emitimos mensagens confusas acerca da bebida, dizendo uma coisa e fazendo outra. Apesar de nossa incongruência, as estatísticas mostram que a maioria das pessoas é capaz de apreciar uma bebida e usar o álcool de maneira sensata. Porém, se não compreendermos o álcool encarando-o como ele efetivamente é, as conseqüências podem ser bastante destrutivas.

---

* Coordenador educacional para assuntos relativos a álcool no Serviço de Saúde de Somerset.

Há uma infinidade de motivos que levam uma pessoa a beber e é importante lembrar que os problemas com o álcool raramente surgem de forma isolada. Em geral, são causados ou compostos por outros fatores. Antes mesmo que algum de nós comece a desfazer os nós do "emaranhado" do álcool, é imperativo considerarmos primeiro as nossas atitudes e sentimentos com relação à droga. E também reconhecer que não existem conclusões precisas nem soluções exatas para saber se a pessoa que estamos tentando ajudar tem esse problema ou se, na verdade, se trata apenas da ponta do problema de outra pessoa! No que se refere a ajudar crianças, é inevitável descobrir que elas se encaixam nessas duas categorias.

As crianças e a bebida

Os trabalhos de pesquisa sobre o uso do álcool por parte de crianças são em número limitado e focalizam principalmente aquelas com mais de onze anos de idade. Entretanto, as pesquisas indicam determinadas tendências nos padrões de consumo de bebida entre elas. É bastante óbvio que atualmente as crianças estão começando a beber muito mais cedo (muitas começam antes mesmo dos onze anos de idade). Sabemos que a maior quantidade de álcool consumido por elas é obtida em casa e, surpreendentemente, em locais como bares e clubes. Na média, os meninos tendem a beber um pouco mais do que as meninas, e as chances de ambos os sexos beberem aumenta entre as idades de onze e dezesseis anos. A maioria das crianças começa tomando cerveja ou chopp, e apenas uma pequena porcentagem começa com bebidas destiladas.

Algumas bebem simplesmente para seguir aquilo que consideram como a regra, condicionadas pelo comportamento dos pais ou familiares, reforçado por influência da mídia e da publicidade, e também por ser algo aceito entre os colegas. O álcool é socialmente aceitável e raramente considerado uma droga, com riscos comparáveis a outras drogas. Por isso, o seu uso é normalmente considerado como um fator normal na adolescência, uma fase que será superada. Em alguns casos, a afirmação de John Balding — "nós os ensinamos a beber" — é muito adequada. Com fatores de estímulo tão fortes, é difícil alguns jovens não considerarem o uso do álcool uma atitude normal e esperada; outros, porém, podem ter motivos diferentes. Para uns, representa uma simples emoção e a excitação de correr riscos, o desafio, a experiência de contestar qualquer raciocínio e enfrentar qualquer temor. Para outros, é possível que bebam simplesmente porque gostam e conseguem retirar alguma coisa da bebida (afinal, toda bebida é funcional, seja para saciar a sede, aliviar a dor ou nos ajudar a esquecer). Contudo, o fator mais comum no consumo de bebida entre jovens talvez seja o tédio. Vivemos num mundo que se move rapidamente, em que as expectativas são elevadas e o sucesso claramente medido em termos materialistas e das constantes oportunidades de viver novas experiências. Quando não há novas perspectivas visíveis, os jovens geralmente se sentem entediados; a única coisa a fazer é reunir-se com os amigos e beber, tornando o álcool uma parte cada vez mais importante de sua subcultura. Para uma minoria de crianças, a bebida tornar-se-á uma muleta adotada para poder lidar com o estresse e pressões das circunstâncias, convencidas, em seu isolamento, de que nada nem ninguém poderá ajudá-las. É triste e alarmante pensar que é com essa atitude que algumas delas entram na vida adulta, sendo esse o modelo de que as crianças mais jovens dispõem.

Estamos convencidos de que somente pela educação e pela intervenção precoce podemos modificar atitudes e padrões de comportamento para o futuro. Oferecer informações e aumentar a conscientização a respeito do álcool e seus efeitos pode ajudar as crianças a tomar decisões sensatas com relação à bebida, mas isso não pode ser ensinado isoladamente. É preciso incorporar essas informações a uma abordagem global capaz de criar auto-estima, valor e confiança no indivíduo. O reconhecimento de que as crianças bebem e a identificação precoce dos sintomas podem ajudar algumas delas. Portanto, parece que o professor tem dois papéis a desempenhar nesse programa: a prevenção e a intervenção.

Com freqüência, somos alertados dos perigos do excesso de álcool; quase todos conhecem os riscos de dirigir embriagado bem como as mensagens sobre danos à saúde e conseqüências sociais que estão começando a penetrar lentamente em nossa sociedade. As crianças correm um risco maior de sofrer os efeitos do álcool e, apesar de defendermos níveis sensatos de ingestão de bebidas, isso não se aplica às crianças, ou adolescentes. Ao ressaltar os riscos para as crianças precisamos enfatizar o seguinte:

- o álcool é um veneno para o corpo humano; precisamos desenvolver lentamente uma tolerância para lidar com seus defeitos;
- os corpos e órgãos jovens ainda estão crescendo e se desenvolvendo, sendo muito vulneráveis aos efeitos prejudiciais do álcool;

- o corpo da criança é fisicamente menor, mais leve, e os efeitos do álcool são muito mais fortes;
- os jovens geralmente bebem em ambientes informais e não gostam dos perigos de misturar bebidas e quantidades desmedidas;
- o álcool é uma droga sedativa que "desliga" o sistema nervoso central. As crianças correm maior risco de desmaios ou de uma parada do sistema respiratório, resultando em morte. As outras crianças podem não perceber que depois que alguém desmaia, o corpo continua a absorver o álcool no sistema, colocando-a num tremendo estado de risco se os amigos não souberem o que fazer;
- em média, milhares de crianças por ano precisam de cuidados intensivos em decorrência da ingestão de álcool; esse número não inclui aquelas que são internadas apenas para fazer uma lavagem estomacal.

A necessidade de adquirir qualquer droga, inclusive o álcool, requer dinheiro e, para alguns jovens, isso significa furtar e cometer pequenos crimes, os quais, por sua vez, podem gerar muitos outros problemas. Esse pode ser um dos primeiros indícios de que alguém está bebendo. Além dos sinais óbvios, como o cheiro de álcool na respiração, garrafas e latas vazias, as características que podem nos levar a suspeitar que uma criança está bebendo são amplas e variadas. Elas incluem:

- mudanças irregulares de humor;
- baixa auto-estima;
- ansiedade e depressão;
- ausência regular da escola;
- deterioração no desempenho escolar;
- apatia e letargia;
- hipersensibilidade a críticas ou atitude defensiva;
- relacionamentos empobrecidos com colegas ou professores;
- indisposição estomacal e dores de cabeça persistentes;
- tremores;
- busca de atenção na tentativa de obter ajuda; e
- pedido direto de ajuda.

Qualquer professor ou pai/mãe que leia essa lista imediatamente perceberá que muitos desses sintomas poderiam ser igualmente atribuídos a outros problemas da infância, sendo fácil tirar conclusões erradas. Cada caso é diferente do outro, e o problema pode se manifestar das maneiras mais inesperadas, as quais podem confundir ou mesmo abater aqueles que tentam entendê-lo. Talvez a chave para compreender e ajudar esteja na criação de relações de confiança entre alunos, professores e pais; relações estas que podem vencer as barreiras do medo, da negação e da interferência, criando um ambiente que garanta sigilo, aceitação sem críticas e apoio solidário. Sabemos que isso soa maravilhoso na teoria, mas na prática é muito difícil. É aqui que o papel do "programa do álcool" deve entrar em ação. No passado, os problemas com o álcool nas escolas eram resolvidos com suspensões ou expulsões, talvez na esperança de que eles desaparecessem.

Um programa escolar atualizado traz benefícios para todos. Oferece clareza e orientação, bem como um plano de ação para resolver as situações que possam ser desencadeadas. Por intermédio de negociações e consultas, encoraja governantes, professores e pais a liderar por meio do exemplo. Mediante o treinamento, ensina os professores a identificar, ouvir e estimular as crianças a realizar mudanças e buscar as organizações de apoio local, se necessário. Oferece um procedimento estruturado, que apóia os alunos em troca de compromisso e esforço. Também proporciona aos pais uma compreensão melhor sobre o álcool, encorajando-os a explorar a área obscura da relação dos filhos com a bebida. Acima de tudo, oferece uma contínua educação sobre o álcool, que, em primeiro lugar, prevenirá o surgimento de problemas. Para ser efetivo, ele precisa ser estabelecido antes que os problemas apareçam, e necessitará de acompanhamento, revisão e atualização regulares.

"Agüentando o rojão"

É uma triste verdade o fato de as crianças geralmente serem aquelas que suportam o impacto dos problemas dos adultos e, quando se trata do álcool, muitas vezes, elas são as "vítimas esquecidas". Em geral, o apoio e a terapia focalizam o alcoolista e possivelmente incluem os seus parceiros, mas parece que poucas organizações estão equipadas ou têm capacidade para atender às necessidades das crianças. Como resultado, os estudos sobre o impacto dos alcoolistas nos filhos são escassos e limitados e, em conseqüência, é escassa e limitada também a nossa percepção do mundo dessas crianças e da sua maneira de lidar com o problema. O número de crianças que chama a nossa atenção representa provavelmente apenas uma minoria de todas aquelas que são afetadas pelo problema de bebida de outra pessoa. Isso talvez aconteça porque alguns jovens têm uma extraordinária capacidade de recuperação por serem extremamente adaptáveis, encontrando maneiras para superar situações. Ou talvez porque, em alguns casos, sejam encontradas soluções por meio de algum tipo de equilíbrio na estrutura familiar. Para alguns, a vida será difícil e dolorosa. Aqui, novamente, não há nenhuma receita para detectar tais crianças, embora alguns dos sintomas sejam semelhantes aos apresentados por crianças que bebem, e incluem delinqüência, absenteísmo, hiperatividade ou o contrário, introversão. Além desse comportamento externo, essas vítimas esquecidas também carregam uma bagagem de sentimentos e emoções confusos, os quais podem ser difíceis de expressar, compartilhar ou até mesmo aceitar. Entre eles, com freqüência encontramos:

confusão	solidão
medo	isolamento
lealdades confusas	impotência
culpa	raiva
constrangimento	ansiedade
mágoa	desapontamento

Essa é uma lista opressiva e terrível, que faz com que nos sintamos inadequados e impotentes. Isso sem levar em consideração as outras implicações de um alcoolista na família. Relacionamentos empobrecidos, problemas financeiros e desequilíbrio de papéis são apenas alguns dos efeitos agudos geralmente experienciados. É claro que os professores não podem resolver problemas familiares, mas podem reconhecer algumas das necessidades imediatas e básicas de seus alunos, dentre as quais:

- que se acredite neles;
- que se ouça o que eles têm a dizer;
- que sejam tirados do seu isolamento, e se sintam apoiados;
- que possam ser aliviados da sua sobrecarga;
- que possam expressar e explorar os seus sentimentos;
- que recebam assistência, se desejarem, para encontrar outras fontes de ajuda e apoio.

Como adultos, em geral subestimamos a capacidade das crianças para tomar decisões e não aceitamos que, algumas vezes, elas saibam o que é melhor para a sua situação. Os professores não têm o nível de competência ou conhecimento para interferir em situações familiares, nem para dar orientação especializada na área do álcool. Mas podem ficar atentos, conhecer os seus alunos e criar vínculos de confiança com eles. Dessa forma, poderão obter informações, estar disponíveis e sentir segurança para tomar as primeiras providências, atender às necessidades imediatas, bem como saber como encaminhá-las para as organizações locais de apoio, se necessário. Se uma escola adotar um programa em relação ao álcool, a maior parte desses problemas será tratada no treinamento do corpo docente, que se tornará apto para enfrentar o problema, em vez de se sentir inadequado e desnorteado ao ser surpreendido por uma criança afetada pelo alcoolismo de alguém ou por suas conseqüências.

Centros Regionais de Referência para Prevenção e Tratamento no Campo das Toxicomanias

Centro de Estudos e Terapia do Abuso de Drogas (CETAD)
Salvador, BA (0XX71) 242-4725

Centro Mineiro de Toxicomania
Belo Horizonte, MG (0XX31) 212-2588

Centro de Orientação sobre Drogas e Atendimento a Toxicômanos
Brasília, DF (0XX61) 272-4555

Centro de Recuperação Humana "Eulampio Cordeiro"
Recife, PE (0XX81) 228-3200

Núcleo de Estudos e Pesquisas em Atenção ao Uso de Drogas
Rio de Janeiro, RJ (0XX21) 284-9741

Unidade de Tratamento de Dependências Químicas
Hospital Mãe de Deus
Porto Alegre, RS (0XX51) 233-2500 - ramal 226

Unidade de Dependência de Drogas (UDED) — Departamento de Psicobiologia — Escola Paulista de Medicina — São Paulo, SP
(0XX11) 571-4839

Uma lista mais extensa de instituições pode ser encontrada em "Telefones de Auxílio" no livro *Conviver com quem bebe*.

Leitura recomendada

WILSON, M. (1997) *Conviver com quem bebe.* São Paulo: Summus. Ao final desse livro encontra-se uma extensa lista de instituições que prestam auxílio e orientação tanto a usuários quanto a profissionais, parentes e amigos de usuários de drogas.

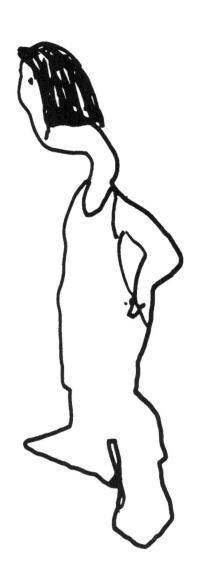

O aluno e o uso de drogas

David Pollard*

Substâncias

As substâncias que transformam a maneira como as pessoas pensam, sentem ou agem estão entre nós há milhares de anos. Essas substâncias pertencem a quatro categorias principais:

1. As *estimulantes* aumentam as funções do sistema nervoso central; retardam o sono, amplificam o estado de alerta, elevam a pressão sanguínea, os batimentos cardíacos e a temperatura, diminuem o apetite e proporcionam uma sensação de confiança e maior habilidade. Em doses mais elevadas, podem provocar ansiedade, agressão e paranóia. Quando o corpo elimina a droga, esses sintomas diminuem e podem ser substituídos pela sensação de cansaço, irritabilidade, depressão e fome.

Exemplos dessa categoria de drogas são a anfetamina, a cocaína, o crack, o ecstasy, a cafeína e a nicotina.

2. As *depressoras* diminuem a função do sistema nervoso central, provocando sonolência, relaxamento, alívio da ansiedade, redução da função mental e física e menor sensibilidade às dores físicas e mentais. Em doses mais elevadas, provocam apatia, inconsciência, comportamento "de embriaguez". Os efeitos podem ser potencializados de modo perigoso se dois ou mais tipos de drogas depressoras forem ingeridos ao mesmo tempo. Os efeitos da abstinência podem incluir doenças semelhantes à gripe, cãibras, náusea, sudorese, depressão e perda do padrão de sono. Exemplos desse tipo de droga são os barbitúricos, os tranqüili-

---

* Coordenador de serviços relativos a drogas, no Conselho de Álcool e Drogas de Somerset.

zantes, o álcool, os opiácios e seus derivados, isto é, a morfina, a heroína, a codeína e a metadona.

3. As *alucinógenas* modificam a percepção, provocando experiências sensoriais alteradas, sensação de irrealidade ou dissociação, melhora do humor, consciência, ocasionalmente pânico e ansiedade. Alucinações reais são raras.

O LSD e os cogumelos mágicos (psilocibina) são os mais comuns desse grupo. O ecstasy e análogos também poderiam se encaixar nesta categoria. Raramente disponíveis são a fenciclidina e a mescalina.

4. *Outras drogas*

A *maconha* pode ter os mesmos efeitos das outras categorias, dependendo da quantidade ingerida e da expectativa do usuário. É a substância ilícita mais amplamente utilizada.

Os *solventes e gases*. Há uma centena de produtos que vão desde colas, fluidos para isqueiros, removedores, gás butano e aerossóis contendo fluorocarbonos. Como a maconha, os seus efeitos são subjetivos, apesar de, quimicamente, essas substâncias serem depressoras do funcionamento do cérebro e do sistema nervoso central.

Muitas publicações descrevem essas drogas mais detalhadamente. No Brasil, as publicações de Beatriz Carlini-Cotrim[1] são uma boa fonte de consulta.

Por que os jovens usam drogas? Trata-se de uma boa pergunta, para a qual não existe uma única resposta mas, provavelmente, uma série de razões. Um estudo de 1988 concluiu que os jovens começam a usar drogas principalmente por curiosidade — ouvem falar de drogas, lêem a seu respeito, vêem nos programas de televisão, conhecem pessoas que usavam ou estão usando drogas e, por essa razão, que indica a pressão dos colegas, acham que também devem experimentar. Outros motivos podem ser: prazer (a verdade é que algumas dessas drogas provocam efeitos agradáveis, pelo menos inicialmente), automedicação (para fugir ou diminuir a ansiedade, a frustração, a depressão, o tédio ou a infelicidade), rebeldia (contra os pais ou autoridades, para chamar a atenção e para correr riscos), falta de sucesso (não apenas na escola, mas em outras áreas de sua vida), formação familiar (eles podem provir de lares perturbados e sentem falta de cuidados e amor, por causa do divórcio ou outro tipo de perda dos pais; talvez os próprios pais sejam usuários de drogas e a atitude em casa influencie a criança), disponibilidade (as pessoas usam as drogas às quais têm acesso e facilidade de comprar).

É importante não focalizar apenas o uso de drogas, que pode ser tão-somente um sintoma de problemas subjacentes, mas avaliar toda a situação de vida do usuário.

O uso de drogas pode ser apenas um evento experimental, sendo levado a cabo ocasionalmente com o objetivo de descoberta dos efeitos da substância. Algumas pessoas não gostam da experiência e, assim, desistem ou afastam-se das drogas. Outras, que apreciam os efeitos, podem começar a experimentar outras drogas ou passar a utilizá-las de modo recreacional. Aqui, o uso da droga ainda é controlado, acontecendo apenas nos finais de semana. A outra categoria do uso de drogas é a dependência. Invariavelmente, a substância é usada todos os dias, algumas vezes de forma caótica, e, na maioria das vezes, não para obter efeitos "agradáveis", mas para eliminar os sintomas da abstinência.

Não é necessariamente verdade que todos os fumantes recreacionais de maconha possam tornar-se dependentes da heroína.

Como as drogas são ingeridas?

Via oral — engolidas como pílulas, cápsulas ou tabletes, de forma líquida, misturada à comida, como aditivo da comida ou em seu estado natural. A absorção é feita pelo estômago e pelo intestino delgado, indo para a corrente sanguínea. Esse é um método relativamente lento e ineficaz, pois os sucos digestivos destroem um pouco da droga, da mesma forma que a presença de alimento no estômago retarda a absorção, dificultando a previsão dos efeitos ou seu controle.

Via nasal — drogas como a anfetamina, cocaína e solventes são cheirados ou inalados. Há uma rápida absorção pelos vasos sanguíneos que revestem o nariz.

Fumando — a fumaça e diminutas partículas são absorvidas pelos pulmões e entram na corrente sanguínea. O efeito é rápido e eficiente.

Injeção — que pode ser subcutânea, muscular ou venosa. A via intravenosa é a mais eficaz, pois a droga entra diretamente na corrente sanguínea. Contudo, esse método também é o mais arriscado.

Identificando o usuário de drogas

Essa pode ser uma tarefa muito difícil. À medida que as crianças crescem, tornando-se jovens adultos, passam por mudanças físicas, hormonais, mentais e comportamentais que podem ser tão confusas para elas quanto para os adultos que as observam. A confirmação mais óbvia do uso de drogas é surpreender alguém no ato e, portanto, dificultar a negação. A lista a seguir pode oferecer algumas pistas para identificar o usuário de drogas, mas o professor ou os pais devem observar com muito cuidado a pessoa de quem suspeitam, antes de fazer qualquer julgamento ou acusação. Lembremos que alguns desses sintomas podem ser indicativos de outras questões além do uso de drogas.

Equipamento

Espelho pequeno, gilete, canudinhos/tubo, seringa/agulhas, pequenos envelopes de papel, folha de estanho, colher queimada, ácido acético, pós diversos, longos papéis para fazer cigarro, pequenos cachimbos feitos em casa, ervas, papel para decalque, tabletes de diversas cores e formas, latas de solventes, sacos plásticos, odores: loção após barba/perfume.

Aspectos físicos

Marcas de injeção, pupilas dilatadas, narinas avermelhadas, feridas ao redor da boca, perda de peso, pele pálida, intoxicação semelhante à do álcool, ressaca, náusea/vômito, sedação, baixa resistência a infecções, descuido da aparência física, uso de óculos escuros (em ocasiões inadequadas).

Aspectos mentais

Mudanças emocionais e de personalidade, agressividade, imprevisibilidade, apatia, retração, hipersensibilidade, falta de cooperação, confusão, falta de concentração, ansiedade, depressão, fobias, delírios, perseguição, paranóia.

Aspectos comportamentais

Vigiar excessivamente o relógio, deterioração do trabalho, atrasos, cabular aula, acidentes, comportamento furtivo, tagarelar, ausência de emoções, dissociação do ambiente e da realidade, mudança de amigos, roupas e interesses, uso de jargões e frases de usuários de drogas, pouca responsabilidade, dificuldade de comunicação, falta de dinheiro, empréstimos de dinheiro, crime.

Uma pessoa que mostra sinais de severa ansiedade, tremores, calafrios, sintomas semelhantes aos da gripe, dores de cabeça, sudorese, dores musculares, diarréia, vômito, perturbação do sono, depressão, alucinações e debilidade generalizada, pode estar passando por problemas de abstinência. Entretanto, algumas pessoas podem não exibir nenhum sinal externo de uso de drogas.

As dificuldades associadas ao uso de drogas

As drogas nunca são gratuitas: elas sempre custam alguma coisa, talvez em termos de ganho ou perda de reputação, de dinheiro, de saúde, de liberdade e tempo. As dificuldades inserem-se em três grandes áreas: legal, social e da saúde. Elas não estão necessariamente separadas umas das outras e, com muita freqüência, se sobrepõem.

Aspectos legais

Uma vez que algumas das drogas envolvidas e alguns dos comportamentos originados pela sua utilização são ilegais, parece razoável presumir que, mais cedo ou mais tarde, o usuário, a sua família ou a escola entrarão em contato com problemas legais. Pode ser que a polícia visite a escola para investigar a suspeita ou a confirmação do uso de drogas, ou para retirar substâncias que podem ser drogas, mas que ainda continuam não identificadas, ou mesmo para efetuar uma prisão.

De modo geral, o processo iniciaria com o policial entrevistando o jovem envolvido, na presença de um adulto. Ele, então, faria um relatório para o seu superior no distrito policial, o qual enviaria uma cópia para as agências responsáveis pela menoridade, que discutiriam o caso e recomendariam ou não a instauração de um processo. Eles também podem recomendar: 1) nenhuma ação; 2) apenas uma advertência (para a criança e/ou pais); 3) uma advertência formal; 4) processo, envolvendo o comparecimento ao tribunal e um relatório do Serviço Social ou de Condicional, o qual pode levar a uma condenação. As penas variam e estão sujeitas à severidade do caso, pois se houver uma condenação, o futuro de um jovem poderá ser afetado, uma vez que ela é registrada e os jovens talvez precisem declará-la ao solicitar um emprego. A atitude de possíveis empregadores com relação aos usuários de drogas não é favorável e isso dificultaria muito a obtenção de um emprego.

Aspectos sociais

Pode ser muito difícil, do ponto de vista dos pais, ser informado de que o filho é um usuário de drogas. Todo tipo de emoção é despertada: raiva, culpa, vergonha, confusão, sentimento de fracasso como pais/ mães; mas, em alguns casos, apatia. Os pais (e os professores) podem esforçar-se para se comunicar com uma criança a respeito de questões envolvendo o uso de drogas. Se essa dificuldade surgir, pode haver dois extremos: 1) ignorar a situação, negá-la, fingir que isso não pode estar acontecendo nessa família, ou 2) ficar ultrajado e fazer acusações e ameaças. Nenhum desses extremos é benéfico e apenas cria mais barreiras a serem superadas. Essa alienação pode estender-se ao círculo de amigos não-usuários de drogas, os quais podem abandonar o usuário, deixando-o isolado ou até mais próximo da cultura dos usuários de drogas.

Como os usuários de drogas conseguem o seu suprimento? O dinheiro, naturalmente, tem poder de compra; porém, as crianças em idade escolar que não trabalham e têm uma renda limitada podem recorrer ao roubo, dos pais, da casa, de lojas, invasão de casas, prostituição ou tornar-se traficantes, dependendo da necessidade do indivíduo e do custo da droga.

Os custos sociais incluem serviços comunitários e tempo; por exemplo, o envolvimento da polícia, de médicos, hospitais, estrutura legal, serviços sociais, e assim por diante.

Aspectos relacionados à saúde

Os riscos à saúde podem ser imediatos (como uma reação alérgica à droga) ou cumulativos (como um colapso gradativo das funções física e mental). Ninguém pode garantir como cada pessoa será afetada por uma droga, mesmo que esta tenha sido utilizada anteriormente; há muitos fatores que precisam ser considerados. Os principais são:

1. A droga foi devidamente identificada? As drogas vendidas nas ruas raramente são puras. Elas são adulteradas por outras substâncias como pó de glicose, talco, giz, pó de tijolo, pó de chocolate, ervas picadas, o que significa que a porcentagem real de droga verdadeira geralmente é muito pequena. Não existe nenhum controle de qualidade nem garantia para as drogas vendidas nas ruas.

2. Overdose — o uso excessivo de uma grande quantidade de droga de uma só vez ou com muita freqüência; também pode ter relação com a qualidade da droga.

3. Acidentes — quedas, cortes, contusões, queimaduras, enquanto se está sob o efeito de drogas.

4. Dependência — já mencionada.

5. Os usuários de drogas injetáveis ou aqueles que não praticam o sexo seguro podem correr o risco de contrair hepatite ou HIV/AIDS, além de se envolver em sexo não desejado ou com uma gravidez não desejada. Os usuários de drogas injetáveis podem ter problemas com os locais

da injeção: abscessos quentes ou frios, septicemia, veias colapsadas ou vasos sanguíneos bloqueados.

6. Alguém mostrando sinais de ansiedade aguda, sintomas semelhantes aos da gripe, tremores, sudorese, dores de cabeça, náusea, diarréia, irritabilidade ou agressividade e debilidade generalizada, pode estar experienciando os sintomas da abstinência. Esses sintomas físicos podem ser penosos e desconfortáveis, mas, felizmente, não duram mais do que alguns dias ou semanas. Os sintomas psicológicos demorarão mais para serem superados e, invariavelmente, exigem algum tipo de orientação.

Alguns conselhos práticos para a equipe pedagógica

É importante que a equipe pedagógica esteja bem preparada e informada a respeito das drogas e, se ocorrer o uso na escola, ela deve ter um programa de ação ao qual recorrer, em vez de esperar e ser tomada de modo despreparado e, possivelmente, ter de tomar decisões precipitadas em situações de pressão.

Planejamento do programa escolar (ou revisão do plano existente) sobre uso de drogas. Isso pode incluir a posição da escola sobre uso de drogas e os procedimentos que os membros da equipe deverão utilizar para garantir a segurança da criança e a integridade da própria equipe e da escola, caso sejam descobertos usuários de drogas.

Treinamento da equipe. Todo grupo de profissionais escolares deveria ter um treinamento de conscientização básica para reconhecer os sinais, sintomas e efeitos do uso de drogas. Isso lhe permitiria discutir o uso de drogas de maneira não crítica e fornecer informações precisas sobre os riscos do uso de drogas. O treinamento também poderia incluir noções básicas de primeiros socorros.

Educação. A educação sobre as drogas poderia ser abordada sob a forma de um desenvolvimento pessoal e de educação para a saúde: tornando as pessoas responsáveis pelo seu próprio bem-estar. Algumas fontes sugerem que crianças de seis ou sete anos não são jovens demais para começar. Contudo, cremos que seria injusto se o grupo-alvo fosse apenas o de jovens. Os dirigentes escolares, professores, outros funcionários da escola e pais precisam ter a oportunidade de ampliar seu conhecimento sobre as drogas. Um exemplo disso é a escola organizar a sua própria "Semana da Saúde", na qual os alunos fariam os seus pôsteres, juntariam folhetos, convidariam uma autoridade local em drogas e AIDS. Poderiam ser organizados *workshops* para pais e professores. Aprender a respeito de nós mesmos pode ser uma tarefa difícil, portanto, é essencial tornar a aprendizagem uma coisa divertida, mesmo quando se trata de um assunto potencialmente sério como o uso de drogas.

Aprender acerca da redução de danos. Basicamente, isso significa diminuir os riscos, quer seja da droga usada apenas como experimentação, recreação ou dependência. Pode ser difícil modificar comportamentos, em particular se estiverem profundamente arraigados. A equipe pedagógica não deve esperar uma mudança imediata num aluno que esteja usando drogas. Raramente, isso acontece do dia para a noite e, provavelmente, algumas pessoas levarão semanas, meses, e talvez anos, para se modificar.

Serviços locais. Descubra onde eles estão, quais são e o que fazem. Esses serviços geralmente são confidenciais, e é fácil entrar em contato com eles. A maioria tem um serviço de informações, bem como um serviço de orientação para usuários de drogas. A equipe pedagógica não deve isolar-se ao lidar com o problema das drogas, mas criar uma rede de serviços de apoio que possa servir como consultoria, ajudando a escola a tomar decisões.

Planejar uma folha de registro de alunos que causam preocupação. Ela deve ser confidencial e permitirá que sejam feitas anotações sobre alterações de atitude, comportamento, mudanças extremas de humor, condição física e desempenho, que possam indicar uma tendência ao uso de drogas.

Se tivéssemos de resumir os conselhos para qualquer pessoa que esteja enfrentando o uso de drogas, suspeito ou confirmado, usaríamos a frase de Clive Dunn: "Não entre em pânico!", pois uma reação exagerada, com muita freqüência, piora a situação. Em vez disso, pense onde você poderá buscar ajuda, conselhos e apoio.

Notas

1. No Brasil, o procedimento padrão no caso de uso de drogas no espaço escolar, por menores de idade, envolve as seguintes etapas: 1) em se constatando, por meio de prova, o uso ilícito de droga, autua-se o usuário, encaminhando-o para o distrito policial; 2) o delegado de polícia, por sua vez, encaminha o "infrator" à "unidade de policiamento" governamental, na qual este permanecerá à espera de julgamento; 3) pautado no Estatuto da Criança e do Adolescente (ECA), o juiz de menores responsável pelo caso determinará a "medida sócio-educativa" cabível; 5) cinco são as possibilidades quanto a tais medidas: "advertência", "prestação de serviços à comunidade", "liberdade assistida", "semiliberdade" ou "privação de liberdade".

Referências

Centros Regionais de Referência para Prevenção e Tratamento no Campos das Toxicomanias
Centro de Estudos e Terapia do Abuso de Drogas (CETAD)
Salvador, BA (0XX71) 242-4725

Centro Mineiro de Toxicomania
Belo Horizonte, MG (0XX31) 212-2588

Centro de Orientação sobre Drogas e Atendimento a Toxicômanos
Brasília, DF (0XX61) 272-4555

Centro de Recuperação Humana "Eulampio Cordeiro"
Recife, PE (0XX81) 228-3200

Núcleo de Estudos e Pesquisas em Atenção ao Uso de Drogas
Rio de Janeiro, RJ (0XX21) 284-9741

Unidade de Tratamento de Dependências Químicas
Hospital Mãe de Deus
Porto Alegre, RS (0XX51) 233-2500 - ramal 226

Unidade de Dependência de Drogas (UDED) — Departamento de Psicobiologia — Escola Paulista de Medicina
São Paulo, SP (0XX11) 571-4839

Centro Brasileiro de Informações sobre Drogas Psicotrópicas (CEBRID)
São Paulo, SP (0XX11) 572-5470/ 571-8345/ 572-6033 - ramais 122 e 2379

Leituras recomendadas

AQUINO, J. G. (org.) (1998) *Drogas na escola* — alternativas teóricas e práticas. São Paulo: Summus.
TIBA, I. (1998) *Saiba mais sobre maconha e jovens*. São Paulo: Ágora, 4ª ed.
_____.(1986)*Puberdade e adolescência* — desenvolvimento biopsicossocial. São Paulo: Ágora, 6ª ed.

Trabalho de grupo com crianças com problemas emocionais:
ensinando-as a serem bons amigos

Trisha McCaffrey

Introdução

Esse capítulo foi escrito por uma psicóloca educacional que trabalha numa área que abrange ambientes rurais e urbanos. É no dia-a-dia desse tipo de trabalho que com freqüência encontramos alunos com dificuldades para criar vínculos na escola, tanto com os colegas quanto com os adultos encarregados de ensiná-los e apoiá-los. Os alunos com problemas emocionais e comportamentais preocupam muito a equipe pedagógica, não apenas pelo efeito perturbador que podem ter durante a aula, mas também, no caso do aluno retraído, isolado ou agredido, porque a equipe geralmente encontra dificuldades para ajudá-los.

Muitas vezes, os programas para lidar com comportamentos difíceis são cuidadosamente planejados e seguidos pela equipe pedagógica e, durante a sua vigência, podem ser considerados muito eficazes. Mas, infelizmente, e com freqüência, depois que o acompanhamento rigoroso e o *feedback* positivo são deixados de lado, o problema reaparece e a equipe começa a pensar que o seu esforço serviu apenas para contê-lo temporariamente, e, portanto, os problemas devem ser inerentes à criança ou, pelo menos, provocados pela situação familiar, restando pouca coisa para a escola fazer. Há também o caso da criança que perdeu sua auto-estima, tornando-se retraída e isolada, e que talvez não veja saída por ter-se convencido de que é pouco importante. Parece ser necessário oferecer algo mais do que um simples *feedback* positivo, pois há o peri-

---

* Ver p.45.

go de que tanto professores quanto alunos considerem que não se trata de uma atitude sincera.

Geralmente, os pais, os professores e a sociedade insistem em visualizar os problemas comportamentais em termos de motivação, e não de capacidade. Parece inconsistente focalizar de forma tão detalhada as conseqüências das dificuldades comportamentais, quando nossa atitude em relação a outras formas de aprendizagem é totalmente distinta. Talvez seja mais adequado começar observando aquilo que a criança traz para determinada situação; se ela possui as capacidades e habilidades interacionais, necessárias em determinados contextos. Esses fatores podem ser identificados usando-se algum modelo de processamento de informações. Também é importante reconhecer que algumas dessas capacidades podem ser racionais. Muitas vezes, os alunos que apresentam problemas comportamentais na escola apresentam um conjunto muito limitado de respostas, que conduzem ao conflito com outros alunos e outros adultos.

Um dos benefícios do "Currículo Nacional"* é a ênfase que ele dá à capacidade para falar e ouvir, estimulando positivamente as escolas a buscar formas para desenvolver a capacidade de comunicação das crianças, assim como estimulá-las a trabalhar de maneira cooperativa, em grupos.

Dunne e Bennett (1990) ressaltam que a falta de exigência de cooperação em grupos típicos de sala de aula é demonstrada na qualidade das conversas mantidas pelas crianças. "A principal fraqueza da atual prática de grupos parece ser a de que, normalmente, ninguém exige que as crianças trabalhem juntas, e raramente o grupo tem a oportunidade de trabalhar numa tarefa conjunta."

Pesquisas recentes realizadas em grupos de sala de aula enfatizaram a necessidade de orientar as crianças em direção a formas mais cooperativas de trabalho para melhorar a qualidade do desempenho. "É provável que o desempenho dos alunos melhore substancialmente se tiverem oportunidades regulares em classe de empregar sua capacidade de falar e ouvir sobre uma série de assuntos, em atmosfera relaxada" (do Assessment of Performance Unit, 1986).

A importância do desenvolvimento da habilidade para interagir com os outros também foi, durante muitos anos, uma área de interesse para os profissionais envolvidos em programas de administração de

---

* No Brasil, semelhante iniciativa foi promovida pelo Ministério da Educação, por meio dos parâmetros curriculares nacionais (PCNs).

conflitos, tanto no Reino Unido (Saunders, 1989; Montgomery, 1986, KFWG, 1987) como nos Estados Unidos (Prutzman *et al.*, 1978). As estratégias para administração de conflitos enfatizam o benefício da cooperação e comunicação na solução de problemas, bem como a importância de se estimular as pessoas a se valorizarem, pois isso irá ajudá-las a respeitar e valorizar as qualidades dos outros. Cada vez mais, os profissionais têm reconhecido os efeitos a longo prazo que a capacidade de se relacionar bem com o seu grupo proporciona ao bem-estar social e emocional das pessoas.

Nesse capítulo, a autora descreverá como essas idéias foram adotadas em várias escolas com as quais trabalha. Esse tipo de trabalho pode ser particularmente útil com crianças em situações emocionais delicadas, pois as pesquisas demonstram o valor do apoio dos colegas e os benefícios que uma comunidade escolar estruturada pode oferecer a um aluno que esteja atravessando uma crise. As estratégias adequadas podem ser ensinadas dentro dos limites seguros desses grupos de trabalho. Ao descrever com alguns detalhes um projeto em particular, a autora tenta desenvolver algumas das questões que surgem quando essas intervenções são implementadas e avaliar os resultados obtidos até o presente momento.

O projeto

A autora foi procurada pela equipe de uma escola de ensino fundamental de quinhentos alunos, preocupada com a quantidade de alunos da 7ª série que apresentavam problemas emocionais e comportamentais.

Ela tivera alguma experiência, trabalhando durante alguns anos com vítimas de abuso em pequenos grupos e com orientação individual, tanto para as vítimas de abuso quanto para crianças com sérios problemas emocionais e comportamentais na escola. Embora sua experiência tenha demonstrado que os alunos podem reagir bem a uma programação de comportamento positivo, é difícil que a longo prazo se consiga consolidar hábitos que tornem mais eficaz o relacionamento com os colegas e os professores, particularmente no ensino fundamental. Portanto, a autora estava ansiosa para inaugurar uma intervenção que pudesse oferecer uma solução mais duradoura para alunos que não conseguiam estabelecer boas relações e eram incapazes de lidar com a educação convencional sem entrar em conflito com a equipe e os colegas. O pedido da escola parecia uma oportunidade para sondar uma abordagem alternativa.

Foi sugerido à escola trocar as sessões habituais, geralmente mensais, por encontros quinzenais, empregando técnicas de administração de conflitos e grupos de trabalho de desenvolvimento para ajudar esses alunos a melhorar seus relacionamentos pessoais e sua auto-estima. Ficou claro, *a priori*, que se a escola optasse por esse tipo de intervenção, não haveria avaliação individual das crianças enquanto durasse o projeto. Concordou-se que o projeto seria organizado em duas fases. A primeira envolveria a autora e um membro da equipe pedagógica, e a segunda mais um membro da equipe se juntaria aos outros dois. Ficou combinado que essa seria uma boa maneira de introduzir as noções e as estratégias para a administração de conflitos na escola.

O pedido inicial foi feito no verão do período letivo de 1990, e a primeira fase do projeto foi iniciada na segunda metade do outono daquele ano.

Implementação

O projeto jamais teria sido realizado sem o apoio total do diretor, apesar de ele ter tido pouco contato direto com a organização em si. Foi decidido que o responsável pela 7ª série trabalharia com a autora no projeto. Embora as discussões iniciais tenham ocorrido com o encarregado das necessidades especiais, a decisão da escola de convocar um membro superior da equipe, o qual também era o líder principal do projeto, fez uma enorme diferença para o seu impacto na escola. Os orientadores da 7ª série concordaram em reunir dados para o projeto e colaborar com os professores no que se referia ao desenvolvimento do trabalho. Essas negociações foram delegadas à escola e feitas antes do acordo final para o início do projeto.

A escola também assumiu a responsabilidade de explicar aos pais o que estava sendo proposto e obter seu consentimento. Contudo, como o grupo-alvo inicial de alunos já era objeto de muita preocupação, com freqüentes contatos com os pais, não foi tão problemático propor-lhes uma intervenção positiva. Depois que a primeira fase definiu os benefícios desse tipo de intervenção para os alunos, tornou-se mais fácil obter o apoio da equipe e dos pais.

O grupo

Durante a primeira metade do semestre, pediu-se à escola para decidir quais dos cerca de dezoito alunos eram prioridade para a fase inicial. Deveriam ser escolhidos entre seis e nove alunos. A percepção dos professores a respeito da gravidade dos problemas comportamentais e emocionais foi avaliada pelo preenchimento de um formulário específico para cada aluno. Esses formulários foram preenchidos pelos orientadores e pelo encarregado das necessidades especiais. O grupo final escolhido para a primeira fase era formado por sete meninos e duas meninas. Os critérios de avaliação dos formulários indicaram que três crianças do grupo apresentavam reações excessivas de desajustamento, duas eram consideradas moderadamente desajustadas, e três não apresentavam qualquer tipo de reação, e uma apresentava sinais neurológicos significativos. Quatro dos alunos eram vítimas de abuso conhecido, duas delas haviam sofrido abuso sexual. Todos os membros do grupo tinham uma auto-imagem prejudicada e dificuldades para se relacionar com colegas e professores na escola. Essas preocupações haviam sido identificadas no encaminhamento inicial e durante as constantes avaliações na escola.

Horário

O horário das sessões dependia basicamente da disponibilidade do responsável pela série. Havia duas ou três opções possíveis durante a semana. Infelizmente, não havia horário em que todos os grupos estivessem ocupados com uma mesma atividade ou em alguma atividade considerada sem muita prioridade. Isso foi um problema, pois matérias como educação física, arte e arte culinária eram muito valorizadas pelos membros do grupo; por outro lado eram consideradas adequadas para atividades alternativas pela equipe pedagógica, já que não eram matérias essenciais. O problema de atividades conflitantes manifestou-se claramente em nosso segundo encontro: tivemos de cancelá-lo por causa de um jogo de *rugby*, do qual todos os meninos queriam participar. Teria sido mais fácil se tivéssemos usado para o nosso projeto um pouco do horário do currículo principal reservado à parte de língua, uma vez que ele se inseria na exigência do Currículo Nacional quanto ao desenvolvimento da habilidade para falar e ouvir. "Conversando, discutindo, brigando, planejando, descrevendo cada dia na escola, as crianças se tornam melhores nessas atividades, assim, sua preparação para entrevistas de emprego, ambientes de trabalho — e para compreender situações que a vida familiar exige." (National Oracy Project, 1989)

A teoria

O projeto empregou basicamente a estrutura para solução criativa de problemas e administração de conflitos desenvolvida pelo *Kingston Friends Workshop Group* (KFWG).

"A resolução bem-sucedida de conflitos e os bons relacionamentos são construídos em termos de autoconfiança e ausência de medo." (*Ways and Means*, KFWG, 1987)

Essa abordagem afirma que podemos ajudar as crianças por meio de diversas atividades que melhoram a capacidade de comunicação, aumentam o seu nível de cooperação com outros alunos e com adultos, ampliando o valor que dão a si mesmas e aos demais. Dessa maneira, são capazes de desenvolver sua autoconfiança e isso, por sua vez, conduz à solução mais eficaz dos problemas. Há três componentes principais na solução criativa de problemas: a comunicação, a cooperação e a afirmação. A pessoa que sabe solucionar problemas naturalmente possui essa capacidade e emprega-a de modo inconsciente. Entretanto, as capacidades em si podem ser ilustradas, praticadas e melhoradas por aqueles que estão tendo dificuldades nos relacionamentos. Essas idéias não são novas e têm função importante ao longo de todo o currículo.

"Grande parte do trabalho bem-sucedido envolve crianças que fazem pesquisas em pequenos grupos. Isso as ajuda a desenvolver a habilidade de cooperar, comunicar, negociar e respeitar os pontos de vista dos outros. Ao trabalharem juntas, também aprendem a compartilhar idéias e ensinar capacidades umas às outras."(HMI Science Report, 1989)

As atividades propostas visam estimular a discussão. É por meio das interações dirigidas que resultam da discussão que os alunos aprendem as novas habilidades para solucionar problemas.

Criando uma atmosfera cooperativa

Criar uma atmosfera na qual os alunos pudessem sentir segurança para trabalhar sentimentos negativos ou agressivos exigiu considerações cuidadosas sobre as regras básicas a serem aplicadas.

Tamanho do grupo: o grupo precisava ser suficientemente pequeno para que todos os membros se envolvessem plenamente.

Identidade: na primeira sessão foram escolhidas tarefas que reforçassem especificamente o senso de identidade de cada membro do grupo e estabelecessem contatos pessoais. A premissa de que os membros do grupo são apreciados como indivíduos, independentemente das opiniões sobre o seu comportamento ocasional, é essencial para esse tipo de abordagem.

Planejamento da agenda: inicialmente, as atividades foram planejadas e decididas pela autora e pelo responsável da série, mas, à medida que o grupo se desenvolvia, as áreas a serem trabalhadas passaram gradualmente a ser decididas pelo grupo como um todo. Demonstrar aos participantes que eles podem negociar o trabalho em áreas em que sentem necessidade, é considerada uma habilidade importante a ser estimulada. Isso não só aumenta a auto-estima, mas também lhes demonstra que as figuras de autoridade podem escutar e valorizar suas idéias e necessidades. E mostra também que eles podem aprender a apresentar suas idéias de maneiras que lhes garantam uma platéia solidária, fora do ambiente protetor do grupo. Uma rápida avaliação de cada sessão era efetuada pela autora e pelo responsável da série (como colaboradores) no final de cada sessão.

Evitando vozes alteradas: no encontro inicial, ficou combinado que haveria um sinal de "silêncio, por favor". O nosso grupo decidiu por uma das mãos levantadas, com a palma para a frente. Quando os membros do grupo percebiam alguém fazendo o sinal, eles paravam de falar e também faziam o sinal. Uma explicação cuidadosa, seguida de ensaios, logo no início do trabalho, demonstrou que esse sinal era muito eficaz. Permitia que qualquer membro do grupo estabelecesse comunicação com os líderes do grupo ou outras crianças.

Na sessão inicial, os objetivos foram resumidos para os participantes, e usamos a analogia do *iceberg* descrita pelo *Kingston Friends Workshop Group* (KFWG). Lá se sugere que a solução dos problemas é apenas a ponta do *iceberg*. A capacidade de escutar, a auto-expressão, a disposição e a habilidade para trabalhar em conjunto, bem como a autoconsciência positiva e afirmação dos outros, constituem as cognições subjacentes necessárias ao raciocínio criativo. Utilizamos também a analogia da construção de pontes, a qual sugere que os relacionamentos são sustentados pela compreensão, ajuda e valorização mútuas. Cada participante recebeu também uma cópia das regras básicas simplificadas (ver Figura 1).

Material

Exceto a sessão inicial, todo equipamento necessário era especificado no relatório do *workshop*, do qual ambos os colaboradores tinham uma cópia. O relatório especificava também quem deveria providenciar o que para cada sessão. O relatório era usado para uma rápida avaliação pós-sessão e dava uma boa base para determinar o trabalho a ser realizado na sessão seguinte (ver Figura 2).

REGRAS BÁSICAS

1. Você não precisa participar de qualquer atividade que faça você se sentir desconfortável, *mas* também não deve atrapalhar as atividades que o restante do grupo deseja executar.
2. Você pode fazer perguntas se não compreender o que deve ser feito.
3. Essa maneira de trabalhar pretende ajudar as pessoas a se darem melhor umas com as outras, ensinando-as a:
   ouvir umas às outras
   compreender umas às outras
   valorizar umas às outras
4. Parte da valorização do outro é ouvir o que as outras pessoas falam, e não ridicularizar as suas contribuições.
5. Sinal de silêncio — ao perceber alguém fazendo o sinal de silêncio, faça-o também, fique em silêncio e ouça.

Figura 1 Regras Básicas

Registros

Além dos registros dos líderes do grupo, os alunos também anotavam o que aconteceu durante as sessões, incluindo uma avaliação com a sua opinião. Alguns membros do nosso grupo tinham dificuldade para ler e escrever e, portanto, foi considerado importante permitir que, se preferissem, pudessem registrar os seus sentimentos de forma pictórica (ver Figuras 3, 4 e 5 como exemplos). Contudo, apesar de a maioria das sessões se basear principalmente em atividades e discussões, houve muito trabalho para registrar, escrever e desenhar. Os alunos fizeram as próprias pranchetas decoradas para apoiar o trabalho durante as sessões iniciais e um envelope de plástico preso a cada prancheta evitava que os desenhos e material escrito se perdessem ou sujassem.

REGISTRO DO *WORKSHOP*

Realizado por:_____Data:_____

Com:_____

Horário:_____

Objetivo da sessão:_____

_____

Materiais necessários:

1_____ 5_____
2_____ 6_____
3_____ 7_____
4_____ 8_____

ATIVIDADES	AVALIAÇÃO RESUMIDA
1	
2	
3	
4	
5	

Avaliação da sessão:

Figura 2 Registro do *workshop*

EVENTO	NOME			
Atividade	 ☺ Sim	 😐 *OK*	 😖 Não sei	 ☹ Não
1.				
Comentário				
2.				
Comentário				
3.				
Comentário				
4.				
Comentário				
5.				
Comentário				

Uma coisa positiva

Uma coisa aprendida

Uma coisa legal

Qualquer outro comentário

Figura 3 — Registro pictórico (1)

COISAS QUE FIZEMOS		
ATIVIDADE	☺	☺POR QUE FIZEMOS?
Qual delas você gostou mais?		
Qual a coisa mais importante que você aprendeu?		

Figura 4 — Registro pictórico (2)

Figura 5 — Registro pictórico (3)

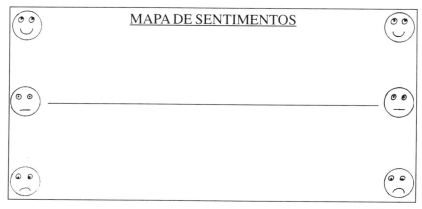

Nome

Apresentamos a seguir o planejamento de algumas sessões consecutivas seguidas de dois registros: o da sessão inicial, de forma totalmente sintética e o da quarta sessão, acompanhado de comentários adicionais para os observadores.

Semana 1
Objetivo: conhecer um ao outro, explicar o que vai acontecer, bem como as regras básicas.
Atividades: "nomes" de aquecimento
• Nomes e adjetivos afirmativos
• Etiquetas e outras coisas semelhantes
• Desenho nas pranchetas
• Mapas de sentimentos

Semana 2
Objetivo: atividades cooperativas utilizadas para explorar sentimentos com relação aos outros.
Atividades: "comentários" de aquecimento
• Terminar as pranchetas; ensaiar regras básicas
• Desenho cooperativo
• Mapas de sentimentos

Semana 3
Objetivo: melhorar a capacidade de ouvir

Atividades: "lista resumida" de aquecimento — o que faz um bom ouvinte?

• Escutar sentimentos de "Apoio ou Sabotagem?"

(A caça é uma tradição britânica ou uma prática cruel e fora de moda?)

• Discussão

• A história do Lobo Mau

• Mensagens do tipo "Eu"...

Semana 4

Objetivo: melhorar a comunicação/cooperação

Atividades: *zoom* de aquecimento

• Quadrados partidos

• *Brainstorm* "Como crianças e adultos podem se relacionar melhor?"

• Árvore da possibilidade

Semana 5

Objetivo: incentivar o raciocínio criativo/cooperação

Atividades: "círculo de afirmação" de aquecimento

• Máquinas humanas

• Quem é o sr./sra. Brown?

• Floresta tropical

Semana 6

Objetivo: solução criativa de problemas

Atividades: "Eu amo você, querido, mas não consigo sorrir..." aquecimento:

• *Phone-in*

• Acordo negociado — assunto "Regras da escola"

• Avaliação até agora

Semanas 7/8/9 — Workshops planejados pelos alunos

Objetivo: estimular e desenvolver a afirmação, comunicação, cooperação e capacidade para solução de problemas.

Atividades: grande desenho cooperativo representando o trabalho do grupo. Reorganização da hora do jantar para que todas as séries pudessem verificar que o sistema estava atuando adequadamente. Os aquecimentos incluíram o *zoom*, "comentários" e "eu amo você, querido..."

Cada *workshop* acabava com a autora e o responsável pela série avaliando o seu efeito em cada aluno. O *workshop* da outra semana era planejado e decidido, levando em conta as necessidades de cada aluno. O responsável pela série discutia com os orientadores dos alunos o trabalho realizado durante as sessões, assegurando que o trabalho executado durante os *workshops* fosse reforçado e seguido por eles nos horários normais de aulas.

Dona cadeira fedorenta*
sentada, parada
Na sala

Dona fita fedorenta
na minha cabeça tocando
Um disco bobo riscado
Não acho o que está coçando

Correntes de medo
Segurem ele por perto
Homem cara-pálida
Leve o que é amado

Amén

John Green
Novembro de 1992

---

* Mr. Stinking chair / Just sitting there / In a room // Mr Stinking tape / Playing on my mind / Silly scratched record / Your itch is hard to find // Chains of fear / Keep him near / Pale faced man / Takes away what's dear // Amen.

O homem na bicicleta, seu nome é Mike*
Mas para você esse homem é apenas um homem numa bicicleta.
Ele tem a própria vidinha separada da sua.
Ele está datilografando palavras enquanto você faz suas tarefas.

O homem poderia estar só, poderia estar sentado sozinho
Ele conversa consigo mesmo enquanto você está no telefone.
Ele guarda suas preocupações
Quando você se lamenta e geme.

O homem na bicicleta, tão alegre, mas velho
Sozinho ao lado do fogo protegido do frio.
Ele está triste e lembra dos velhos tempos
O rádio, as ceroulas, evacuação e o resto,
E ele lembra dos soldados, principalmente de Paul.

Ele tem um passado e você tem um futuro
Você tem professores afetuosos em vez de frios tutores.

John Green
1992

---

* The man on a bike his name is Mike / But to you this man's just a man on a bike. / He has his own little life separate from yours. / He's typing words while your're doing your chores. // The man could be lonely could be sitting alone. / He talks to himself while you're on the phone. / He bottles up his worries / When you moan and groan. // The man on a bike so cheery but old / Alone by the fire protected from cold. / He's sad and recalls the days of old / The wireless, the long johns, evacuation and all, / And he remembers the soldiers, especially Paul. // He has a past and you have a future / You have warm teachers instead of cold tutors.

IMPRESSO NA

sumago gráfica editorial ltda
rua itauna, 789   vila maria
02111-031   são paulo   sp
tel e fax 11 **2955 5636**
sumago@sumago.com.br

G R Á F I C A
sumago

Coleção na Escola
Alternativas Teóricas e Práticas

AUTORIDADE E AUTONOMIA NA ESCOLA

Com as transformações do contexto educacional, o papel dos profissionais da educação tem sido objeto de polêmica e controvérsias. A sala de aula é testemunha da diversidade das práticas educativas. Este livro aborda tópicos como os limites da autonomia e da autoridade docente, o que recuperar e o que abandonar na prática cotidiana etc. REF. 10679.

DIFERENÇAS E PRECONCEITO NA ESCOLA

A dicotomia "preconceito versus cidadania" tem sido uma das questões atuais mais inquietantes da atualidade. Como compatibilizar na escola as igualdades democráticas com as particularidades humanas e sociais, sejam elas de gênero, étnicas, religiosas, cognitivas ou culturais? Esta coletânea busca apresentar ações conseqüentes para se enfrentar as diferenças e o preconceito no dia-a-dia escolar. REF. 10610.

DROGAS NA ESCOLA

As drogas constituem um dos problemas que mais afligem a sociedade contemporânea. E a escola, um dos principais espaços na vida dos jovens, se vê confrontada com essa realidade. Como posicionar-se diante do uso das drogas? Neste livro, são abertas possibilidades diversas de compreensão desse universo, assim como de manejo de situações escolares em que o problema esteja em pauta. REF. 10622.

ERRO E FRACASSO NA ESCOLA

O que faz um aluno não aprender? Onde está o erro: no aluno, no professor, na escola? Quais são as conseqüências psicológicas, pedagógicas e sociais desse evento? Quais são, enfim, as saídas possíveis para o fracasso escolar? A partir dessas questões, dez conceituados teóricos de diferentes áreas abordam o problema, oferecendo alternativas para um estudo aprofundado e para o enfrentamento prático do erro e do fracasso no cotidiano educacional. REF. 10609.

INDISCIPLINA NA ESCOLA

Esta obra apresenta múltiplas abordagens teóricas e possíveis encaminhamentos práticos para o problema da indisciplina na escola. Um panorama contemporâneo dos novos referenciais teóricos, além do pedagógico. Psicólogos, psicanalistas, sociólogos e pedagogos enfrentam a indisciplina com visão atualizada, propondo soluções criativas para a compreensão e o manejo do problema. REF. 10583.

SEXUALIDADE NA ESCOLA

A sexualidade humana é um dos temas mais difíceis e mais recusados no universo prático do educador. Neste livro, o tema é desdobrado de diversas maneiras por teóricos de diferentes áreas e orientações. Trata-se de um livro sobre as múltiplas possibilidades de tangenciamento teórico e prático das manifestações da sexualidade no cotidiano escolar, ultrapassando os limites dos conhecidos guias de orientação sexual. REF. 10593.

------------------------------ dobre aqui ------------------------------

**Carta-
-resposta**
9912200760/DR/SPM
Summus Editorial Ltda.
CORREIOS

CARTA-RESPOSTA
NÃO É NECESSÁRIO SELAR

O SELO SERÁ PAGO POR

AC AVENIDA DUQUE DE CAXIAS
01214-999 São Paulo/SP

------------------------------ dobre aqui ------------------------------

CADASTRO PARA MALA DIRETA

Recorte ou reproduza esta ficha de cadastro, envie-a completamente preenchida por correio ou fax, e receba informações atualizadas sobre nossos livros.

Nome: _____ Empresa: _____

Endereço: ☐ Res. ☐ Com. _____ Bairro: _____

CEP: _____-_____ Cidade: _____ Estado: _____ Tel.: ( ) _____

Fax: ( ) _____ E-mail: _____

Profissão: _____ Professor? ☐ Sim ☐ Não Disciplina: _____ Data de nascimento: _____

1. Você compra livros:
☐ Livrarias ☐ Feiras
☐ Telefone ☐ Correios
☐ Internet ☐ Outros. Especificar: _____

2. Onde você comprou este livro? _____

3. Você busca informações para adquirir livros por meio de:
☐ Jornais ☐ Amigos
☐ Revistas ☐ Internet
☐ Professores ☐ Outros. Especificar: _____

4. Áreas de interesse:
☐ Educação ☐ Administração, RH
☐ Psicologia ☐ Comunicação
☐ Corpo, Movimento, Saúde ☐ Jornalismo
☐ Comportamento ☐ Propaganda, Marketing
☐ PNL ☐ Cinema

5. Nestas áreas, alguma sugestão para novos títulos? _____

6. Gostaria de receber o catálogo da editora? ☐ Sim ☐ Não

7. Gostaria de receber o Informativo Summus? ☐ Sim ☐ Não

Indique um amigo que gostaria de receber a nossa mala direta:

Nome: _____ Empresa: _____

Endereço: ☐ Res. ☐ Com. _____ Bairro: _____

CEP: _____-_____ Cidade: _____ Estado: _____ Tel.: ( ) _____

Fax: ( ) _____ E-mail: _____

Profissão: _____ Professor? ☐ Sim ☐ Não Disciplina: _____ Data de nascimento: _____

Summus Editorial
Rua Itapicuru, 613 7º andar 05006-000 São Paulo - SP Brasil Tel. (11) 3872-3322 Fax (11) 3872-7476
Internet: http://www.summus.com.br e-mail: summus@summus.com.br